笑うネイティブ

ジョークでおさえる
英語のツボ

文教大学名誉教授
宮本倫好 [著]

朝日出版社

はじめに

A grasshopper comes into a bar and the bartender says to him, "Hey, we've got a drink named after you." And the grasshopper says, "Why would anyone name a drink Bob?"
（バッタがバーにやってくると、バーテンダーが言います。「やあ、キミの名前の付いた酒があるぜ」。これに対しバッタはこう応じます。「なんだって酒にボブなんて名付けたりするの？」）

　ネイティブ・スピーカーならここでドッとくるはずなのに、われわれにはそのオチ（punch line）が即座にピンときません。それは、grasshopperというなかなかイカす食後のカクテルが実際にあるのですが、バッタ君は自分個人の名前と取り違えて、カクテルにしてはサエない名のBobという飲み物がある、と誤解したところがミソなのです。

　ジョークは人生の潤滑油です。江戸時代の川柳、あるいは時代は下って旧ソ連のアネクドート（小噺）のように、時に人々が専制に対する憂さのはけ口として、その才知で権力者を風刺して楽しむ、という効用もあったのです。
　いずれにしても、ジョークというものは固有の言語、文化、生活などを反映して、非常に奥の深いものが多いのです。日本人なら何でもない落語のオチが、外国人にはなかなか分からないように、英語のちょっとしたジョークが外国人であるわれわ

れにきわめて難解で、周囲の笑いに取り残される、という経験をした人は珍しくないでしょう。

江戸川柳でも分かるように、日本人はユーモアにも時に鋭い感覚を発揮しますが、いかんせん、言語生活が概して生真面目で、日常的にユーモア感覚を磨くことを怠ってきたことは否めません。

ひるがえって、例えばアメリカ人なら、どんな会合の挨拶にも冒頭に ice breaker と呼ぶ気の利いたジョークをさりげなく使うことが多いものです。これで、雰囲気がガラリと柔らかくなるという寸法で、日常会話にも、ユーモアやジョークがふんだんにちりばめられます。会合といえば、「本日はご多忙のところ・・・」と常套句で済ませ、会話も無味乾燥で工夫のないわれらが言語風土とは大変な違いです。

何しろ、英語国民の間では「あなたはユーモアのセンスがある」というのが最高のほめ言葉です。その言語感覚は幼少時から鍛え上げられます。彼らは無数のジョークの海でいつも泳ぎ、感覚を鋭敏にします。英語学習者にとっては、このコツを会得することは、彼らを理解し彼らに理解してもらう重要なステップです。

私は最近、ある大学院の講義で英語のジョークをテーマに取り上げ、学生の理解度が単語や文章読解力とはまた別の、生得のセンスによるところが大きいと改めて感じました。同時に、そのつもりになってセンスを磨けば、ある程度理解のレベルが上がることも確認できました。

はじめに

　一方で、朝日出版社・村上直哉専務のお勧めで、同社のメールマガジンのひとつ（『笑える英語の実践講座』http://www.asahipress.com/eeclub/lol.html）で英語のジョークを配信し、読み取り方のポイントなどについて読者と対話を続けてきました。併せて、ジョークの他に、英語に関する雑学をさまざまな形で付け加えてみました。外国語の理解は、あらゆる方面からとっかかってみて、興味を感じ取ることが大切だからです。幸い、この試みは奏功し、多くのメルマガ読者のご支持と評価を得て、現在も配信は続いております。

　そこでこの度、これまで配信した主な内容を単行本として同社から発刊して頂くことになりました。幸い、村上氏と編集部の高比良哲明さんというユーモア感覚抜群の編集者が、「オモロイ本に仕上げたい」という私の夢を実現させてくれました。両氏の親身で適切なアドバイスに心から感謝申し上げます。

2006年秋
宮本倫好

目次 Contents

おバカさんがゆく
～愛すべき者、汝の名はおバカさん～

- これぞ、栄えある「世界でいちばん面白いジョーク」第1位 ……14
- ホームズとワトソン ……17
- ハイウェイ・スター ……21
- ナイスなチョイスじゃん！ ……25
- 旅客機テロこわい ……28
- 2年から4年 ……32

男と女のあいだには
～深くて暗い溝がある～

- 老夫婦の離婚 ……36
- 誕生祝い ……40
- 夢の陣痛軽減装置 ……43
- あの世の住み心地 ……46
- 願い事が妻には倍 ……50

Contents

現ナマに手を出せ！
~アブない橋の渡り方~

- バリアフリー・マフィア ……………………………… 56
- 殺しの電話番号 ………………………………………… 60
- 神様への手紙 …………………………………………… 63
- ワニ、カネ、美女 ……………………………………… 67
- ミンクのコート ………………………………………… 70
- マルサに負けず ………………………………………… 74

家庭口論
~幸福な家庭はすべて互いに似かよったものであり、
不幸な家庭はどこも・・・~

- ピリオド ………………………………………………… 80
- ロバに蹴られて ………………………………………… 85
- 蘇生 ……………………………………………………… 89
- 夫の涙 …………………………………………………… 92

まだまだあるよ

商魂に脱帽！
～潰れないのはさおだけ屋だけにあらず～

本物のビールとは ································**100**

ジャック・バウアーもハダシで逃げ出す ················**103**

弁護士は長生き？ ································**107**

どこまで搾れる？ ································**111**

政治家をイジリ倒す
～お笑い保証理事会 推薦！～

アイ・アム・総理 ································**116**

民主主義人民共和国 ································**120**

好感度調査実施 ································**124**

鳥インフルエンザ ································**128**

ブッシュ脳の恐怖 ································**131**

ところ変われば
~知らない街を歩いてみたい~

アーミッシュ、街へ行く ・・・・・・・・・・・・・・・・・・・・・・・・136
いにしえのカリフォルニア ・・・・・・・・・・・・・・・・・・・・・・139
ハリウッド・スキャンダル？ ・・・・・・・・・・・・・・・・・・・・143

紳士はブロンドが、やっぱりお好き
~ブロンドネタは、確立されたジャンル~

ブロンドはオツムが弱い ・・・・・・・・・・・・・・・・・・・・・・148
裸の銃(ガン)を持つ女 ・・・・・・・・・・・・・・・・・・・・・・・・・・・・・151
ブロンドの逆襲 ・・・・・・・・・・・・・・・・・・・・・・・・・・・・・・・154

まだいける！

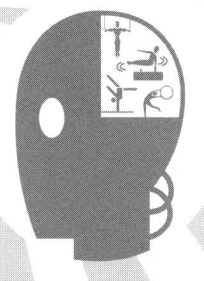

ものは考えようで
～頭の器械体操～

魚釣りコスト考 ······················160
娯楽施設 ·························163
酒も飲まなきゃ、バクチもやらず・・・ ······167

余は如何にして基督信徒となりし乎
～聖と俗と、時々笑い～

天罰 ····························172
バチカン vs ユダヤ ··················176
数独を勧めます ·····················180
ライオン補完計画 ····················184

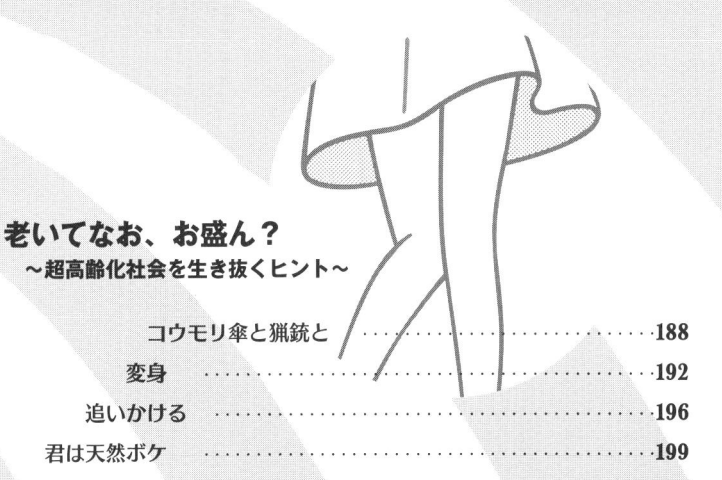

老いてなお、お盛ん？
～超高齢化社会を生き抜くヒント～

コウモリ傘と猟銃と ・・・・・・・・・・・・・・・・・・・・・・・・・・・・・188

変身 ・・192

追いかける ・・・・・・・・・・・・・・・・・・・・・・・・・・・・・・・・・196

君は天然ボケ ・・・・・・・・・・・・・・・・・・・・・・・・・・・・・・・199

本編に進め！

おバカさんがゆく
Idiots

愛すべき者、
汝の名はおバカさん

これぞ、栄えある
「世界でいちばん面白いジョーク」第1位

さあ、笑えますか？

ハンターが2人、森へ猟に出かけましたが、ひとりが突然倒れました。呼吸も停止しているようです。残るひとりは驚いて、携帯で緊急電話を入れ、あえぎあえぎ言います。

つづきは英語で

"My friend is dead! What can I do?"

The operator says: "Calm down, I can help. First, let's make sure he's dead."

There is a silence, then a shot was heard.

Back on the phone, the guy says: "OK, now what?"

訳と語句

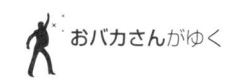

「友達が死んだ！ どうすりゃいいんですか」
交換手が答えます。「落ち着いて、大丈夫ですから。まず、よく確かめてください。ほんとうに死んでるんですね」
しばし沈黙があって、一発の銃声。
そして再び電話に男の声。「よし。で、次はどうすりゃいいんだい？」

calm down　落ち着く、冷静になる
make sure　確認する
Now what?　で、次にどうすりゃいい？

笑いのツボ

「死んでいるのは間違いないですね」と念を押されて確かめたのですが、その手段が撃ってみることとは！　言葉のスレ違いの面白さを狙ったジョークです。

ちょっとウンチク

　このジョークは、英 Hertfordshire 大学の Richard Wiseman 教授が立ち上げた「世界でいちばん面白いジョーク」というサイトへ世界中から応募のあった1万点以上から、投票で「最高傑作」として選ばれたものです。
　笑いには地域差、性差がありますが、男性は共通してやや過激で、しかもお色気モノを好む傾向があり、一方の女性は言葉遊びのほうがごひいきだということです。

談話室
言葉は一筋縄ではいかない

　一筋縄ではいかない英単語の例をいくつか挙げましょう。

　fat（太った）と slim（やせた）は正反対の意味ですが、fat chance, slim chance となると、共に「望み薄」という同じ意味になります。この場合の fat は反語的用法です。

　look と see はよく似た単語ですが、overlook は「見逃す」、oversee は「監督する、目撃する」と、反対の意味になります。

　cleave という単語には、「切り裂く」と「くっつく」という反対の使い方があります。

　slow down, slow up は共に「スピードを落とす」と同じ意味です。down と up は正反対ですよね！

　接頭辞 in- は、形容詞の前に付いて否定的な意味を表しますね（**例** appropriate → inappropriate）。しかし、flammable（燃えやすい）に in- の付いた inflammable も、意味は同じ「燃えやすい」です。実は inflammable は flammable に in- を付けたのではなく、動詞 inflame（火がつく）に接尾辞 -able が付いているのです。では、「燃えにくい」はどう言うか。答えは、nonflammable です。「inflammable」が勘違いされないように、工業英語では「燃えにくい」を nonflammable に統一しているそうです。

ホームズとワトソン

さあ、笑えますか？

Sherlock Holmes と助手の Dr. Watson の名コンビ。あるとき二人はキャンプに出かけました。ホームズは寝転んで空を見上げ、ワトソンに何が見えるか聞きました。「満天の星だよ」というワトソンの答えに、「それで、どんなことが分かる？」と聞きました。

つづきは英語で

WATSON: Astronomically, it tells me there are millions of galaxies and potentially billions of planets. Theologically, it tells me God is great and that we are small and insignificant. Meteorologically, it tells me we will have a beautiful day tomorrow. What does it tell you?

HOLMES: Somebody stole our tent.

訳と語句

ワトソン：天文学的には、何百万という銀河があり、何十億という星が存在する可能性があるということさ。神学的に言えば、神は偉大であり、われわれの存在はちっぽけで大したことはないということ。気象学的には、明日は素晴らしい天気だろう。で、君はどう見た？
ホームズ：誰かがわれわれのテントを盗んだということだよ。

astronomically 天文学的には
galaxy 銀河、小宇宙
potentially ひょっとすると、〜の可能性がある
theologically 神学的には
insignificant 重要ではない、取るに足らない
meteorologically 気象学的には

笑いのツボ

　二人の会話のズレがポイントです。満天の星を眺めながら森羅万象を見事に説明できるワトソンの博学は大したものですが、現実を鋭く考察する名探偵ホームズの目から見ると、テント泥棒に遭ったからこそ、頭上に満天の星が見えるのです。いくら教養があっても、ホームズからすれば、それはノーテンキ（ノー・テント）ということでしょうね。

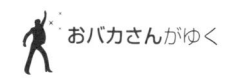

ちょっとウンチク

　この二人は、文学史上最も魅力的なコンビといわれています。ワトソンは、ホームズの「聞き役」「記録係」「賛美者」「助手」「助言者」「護身役」を兼ね備えた人です。このワトソンによると、ホームズの人間像は、文学、哲学、天文学の知識はゼロ。今回のジョークは、この「天文学知識ゼロ」からきたものでしょうか。そして、政治に弱く、植物学、地質学の知識にはムラがあるが、化学、解剖学、ホラー小説のようなキワ物文学、法律の知識は卓抜しているといいます（*A Study in Scarlet*『緋色の研究』）。

　ホームズは *The Final Problem*『最後の事件』で、ライヘンバッハの滝で死亡しますが、熱烈な読者の希望で、作者のコナン・ドイルは仕方なく *The Adventure of the Empty House*『空き家の冒険』でホームズを復活させ、*His Last Bow*『最後の挨拶』で引退させます。

　いまだに熱狂的な読者があとを絶たず、ロンドンのベーカー街にある「シャーロック・ホームズ博物館」には、今でもホームズ宛に毎週50通のファンレターが世界中から寄せられ、博物館ではホームズに代わって返事を出すといいます。その返事の一例：「ホームズ氏はあなたのお手紙に感謝しています。彼は現在、蜜蜂を飼いながら、サセックス州で引退生活を送っています」

談話室
児孫のために美名を残す

日本には、先祖代々伝わる名前を成人になった長男が襲名するという旧家があります。苗字については外国にも似たような風習があり、これを patronym（父祖にちなむ姓）といいます。例えば、英語の代表的な姓の Johnson は son of John で、父親または父祖が John だったという由来です。

アラビア語では bin が息子にあたり、テロの大物 bin Laden は son of Laden の意味です。ヘブライ語ではこれが ben になり、映画『ベン・ハー』主人公の Ben-Hur は son of Hur となります。イスラエル建国の英雄 Ben-Gurion も同じです。

アイルランド人やスコットランド人の姓に多い Mac/Mc も同じで、McDonald = son of Donald, MacArthur = son of Arthur です。

ノルマン系では Fitz-、ロシア系では父称（ミドルネームの一種）の -ich/-vich、スペイン語では -ez がそれに当たります。各々の例を挙げます。

Fitzgerald = son of Gerald

Anton Pavlovich (= son of Pavel) Chekhov（アントン・パーヴロヴィッチ・チェーホフ）

Fernandez = son of Fernando

ハイウェイ・スター

さあ、笑えますか？

年配の男性が国道1号線を走っていると、携帯が鳴りました。出てみると、妻からです。

つづきは英語で

"Albert," she says, "please be careful when you're driving back. I just heard on the radio that there's a maniac on the M1. He's driving the wrong way!"

"It is not just one," he replies, "there're fucking hundreds of them!"

訳と語句

「アルバート、帰りの運転には気をつけてね。1号線に狂人が1人いるってラジオで言っているの。反対向きに走っているんだって」

「たった1人じゃないぞ。そんな奴がゴマンといやがるぞ！」と彼。

drive back　帰りの運転をする　　**maniac**　狂人、おかしな人
M1　（イギリスの）国道1号線
drive the wrong way　道を逆走する
fucking　意味を強める卑語

笑いのツボ

はてさて、逆走しているのがゴマンもいるとなると、そちらの方が正しいというのが民主主義でしょう。すなわち、間違って逆走しているのはアルバートです！

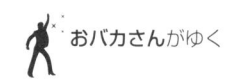

ちょっとウンチク

イギリスでは幹線道路は motorway、その頭文字をとって M○号線と名づけています。米国では、freeway, superhighway, expressway などいろんな呼び方があります。

有料高速道路の場合、turnpike とも言います。もともと、通行料を徴収するための、金属の突起 (pike) が回転する (turn)、無料入場者防止用の門だったのです。高速料金を払うのが嫌で脇道を行くことを shunpiking と言います。shun は「避ける」という意味です。

また、高速道路で overtaking といえば「他の車を追い抜くこと」ですが、では undertaking とは何でしょうか。辞書にはほとんど出ていませんが、これは、遅い車用の「走行車線」から、速い車用の「追い越し車線」の車を、逆に追い越すことです。これを違反としている国は多く、"No Undertaking" という標識を見ることがあります。

談話室

punって何？ 〜人はパンのみにて生くるにあらず〜

「語呂合わせ」「駄洒落」を pun（パン）といい、米国人は大好きですが、日本語の駄洒落、落語のオチなどが外国人にはなかなか分かりにくいように、pun は日本人にとっては鬼門です。そこで何回か pun を楽しみましょう。

まず易しいものから。

A bicycle can't stand on its own because it is two-tired.

「自転車はタイヤが2つだから、自分では立てない」ということですが、two-tired = too tired（疲れすぎて）という掛け言葉になっているのです。

次に少し難しいのを。snail（カタツムリ）が、ぜひ高級スポーツカーを買いたいと販売店を訪れました。さらに、車の両サイドに大きく S という字を書いてほしいというのです。セールスマンがその理由を聞くと、こう答えました。

When I drive down the street I want to hear people say, "Look at that little S car go!"

「街を走るとき、人々が"あの小さな S カーが走るのを見て！"と言うのを聞きたいんだ」と言ったのですが、ここでの pun は、S car go = escargot ということです。エスカルゴは食用カタツムリですね。

ナイスなチョイスじゃん！

さあ、笑えますか？

真新しい自転車に乗ったコンピュータ専攻の学生が、キャンパスで同級生に会いました。「すばらしい自転車じゃないか。どこで手に入れた？」と同級生が尋ねます。

つづきは英語で

"I was walking to class the other day when a pretty coed rides up on this bike. She jumps, takes off all her clothes, and says, 'You can have ANYTHING you want!'"

"Good choice," says the first, "her clothes probably wouldn't have fit you anyway."

訳と語句

「このあいだ、講義に出ようと歩いていたら、可愛い女子学生がこの自転車に乗ってやってきてね。自転車から飛び降りると、着ているものを全部脱ぎ捨てて、こう言うんだ。『欲しいもの**何でも**あげるわよ！』ってね」
「いいのを選んだじゃんか。その子の服をもらっても、どうせ君には合わないもんな」

coed （共学の）女子学生。co-education の略
bike ＝ bicycle
jump 飛び降りる
take off all *one's* **clothes** 着ているものを全部脱ぐ
wouldn't have fit you 君には似合わなかっただろう

笑いのツボ

「欲しいものは**何でも**あげる」と言った女子学生の「何でも」と、自転車をもらった学生の考えた「何でも」の間には大きなズレがあります。

さらに、「服なんかもらったって仕方ないもんな」とリアクションした友人もかなりズレています。このズレ具合が笑いのツボになっています。

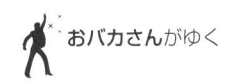

ちょっとウンチク

コンピュータの専門家や愛好者に対して、世間はともすればある種の偏見を持っています。それで、彼らのことを propeller-head, anorak, trainspotter などと呼んだりします。これらは日本語の「オタク」（これも otaku と英語になっていますが）にあたる言葉で、コンピュータの専門知識はすごいかもしれないが、個人としては退屈で、常識はずれのところがある、といったニュアンスを表しています。

だからジョークの世界でも、彼らはよく笑いの対象にされます。このジョークに登場する学生2人もそうです。まあ、その根っこにあるのは、先端技術を駆使して魔法の世界に挑んでいる専門家への、文系凡人たちの嫉妬かもしれませんね。

ボキャビル広場

fen を辞書で引くと、「沼地」という意味が出ます。これが the Fens と固有名詞になると、「イングランド東部の湖沼地帯」のことです。

しかし、science fiction のファン組織の中では、fen は fan の複数形を意味します。これは、man の複数が men に、woman の複数が women となる（ドイツ語の影響です）のと同じだと SF ファンらは言うのです。したがって、The fen gathered at the fen. は、彼らの間では、「ファンの集いが沼地のそばで行われた」という意味になります。

旅客機テロこわい

さあ、笑えますか？

同時多発テロ以来、米国人は無差別テロに戦々恐々。とくに、飛行機で旅行することの多いジョージは、生来気が小さいだけに心配でたまりません。

とうとう友人の統計学者に、フライト１回あたりの爆弾テロ・リスクを統計学的に計算してもらいました。「まあ数十万回に１回かなあ」との返事ですが、それでも「もし万が一」とジョージは心配です。そこでいいことを思いつきました。

つづきは英語で

After a few minutes reflection, George asked the statistician to work out the probability of there being two bombs aboard. It turned out that the risk of this happening was negligibly small, so George resolved to always take a bomb on board with him.

おバカさんがゆく

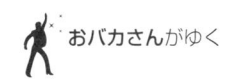

訳と語句

しばらく考えたあと、ジョージは統計学者に、2個目の爆弾が飛行機に持ち込まれる確率を計算してくれと頼みました。その可能性は極めて小さいということが分かったので、ジョージは飛行機に乗るときにはいつも、爆弾を1個携行することにしました。

reflection 熟考
statistician 統計学者
work out the probability of ～の確率を計算する
aboard 機内に
turn out that ～だと分かる
negligibly 無視できるほど
resolve to *do* ～しようと決意する
on board 機内に

笑いのツボ

　爆弾を持ち込むテロリストが1人いる可能性はそれなりにある。しかし、2人目になると、もう可能性はゼロに近くなると知ったジョージ君は、それなりの対策をしたわけです。確かに計算上はそうですが。

　ジョージ君はまあ、落語に出てくる八っつぁんか熊さん程度の知能ですが、いまの米国では、笑い事ではないのです。

　このジョークは次の1文で締めくくられています。

George was arrested at London Heathrow last week.

（ジョージは先週、ロンドンのヒースロー空港で逮捕された）
と、まあ、しまらない結果になったのです。

🐟 ちょっとウンチク

完全に世界語になった hijack の起源をご存知ですか。禁酒法時代（1920-33）、密造ウイスキーを運ぶトラックを強盗団が止め、"Stick 'em up high, Jack!"（手を上げろ、ジャック！ 'em = them = your hands）と脅して積荷を奪ったことからとされます。この Jack は名ではなく「お前！」くらいの呼びかけです。stick up は「突き立てる」という意味から、俗語で「ピストル強盗を働く」という意味があります。

"Hi, Jack!" と気安く呼びかけて、強盗に早変わりした者がいたため、という説もあります。

その後、carjack, busjack, subwayjack など、あらゆる交通機関の乗っ取りに幅広く使われるようになっています。また、hijack が一般語化するにつれ、jack が動詞で steal, rob（盗む、奪う）の意味にも使われるようになりました。

例 Jack other people's cars.（他の人の車を盗め）

🌲 ボキャビル広場

numeric terms（数字を使った言葉）をご存知ですか。9/11 といえば、2001 年 9 月 11 日の「米同時多発テロ事件」の代名詞となったように、数字が特別な意味の代名詞として使われることは珍しくありません。

パソコンのユーザーなら、**404** がウェブ上でページが発見されなかった時に出るエラーコードだと知っていますね。それから転じて、コンピュータとは無関係に「人や物が見つからない」という意味でも使われます。

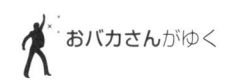

例 By the time I came back to my office, my book had 404ed.
（事務所に帰ると、私の本は行方不明になっていた）

101 は日本語の「イロハのイ」にあたり、「ほんの初歩」を意味します。

例 He doesn't know even etiquette 101.
（彼は礼儀のイロハも知らない）

180（または **180-degree turn**）は 180°からきたもので、「正反対」を意味します。

例 The company did a 180 on its strategy.
（会社は戦略を 180 度転換した）

また、24/7 は、twenty-four hours/seven days ということで、「1 日 24 時間週 7 日」、つまり「年中無休」の意味です。

例 He attended the sick child 24/7.
（彼はその病気の子につきっきりだった）

1940 年代のラジオの人気番組から生まれた、**$64 question** という表現があります。賞金を 1 ドルから倍々で上げて行き、最後は 64 ドルになったところから、「難問題」「最重要問題」の意味が生まれました。

例 We still don't know if he is an enemy. That's the $64 question.（彼が敵かどうかまだ分かりません。これは難しい問題です）

２年から４年

さあ、笑えますか？

ちょっと風変わりな二人がパブで次々に祝杯を上げ、大いに盛り上がっていました。そこでパブの主人が尋ねます。

つづきは英語で

When asked why they were celebrating, they boasted that they had just finished a jigsaw puzzle and it had only taken them two months.

"Two months?!" cried the landlord. "That's ridiculous. It shouldn't take that long!"

"Well," said one guy, "the box said two to four years."

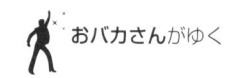

訳と語句

なんでお祝いをしているのかと聞かれて二人は、「ジグソーパズルを仕上げたところで、たった2カ月しかかからなかった」と自慢げに言いました。
「2カ月ですって?」とパブの主人は大声を上げました。「そりゃおかしい。そんなに長くかかるもんじゃありませんぜ」
「それなんだがね」と一人が言いました。「箱には2年から4年と書いてあったよ」

When asked ＝ When they were asked
celebrate 祝う
boast that 〜だと自慢する
landlord パブの主人
ridiculous おかしい、ばかげた
shouldn't *do* 〜するはずがない
that long そんなに長く
the box (ジグソーパズルが入っていた)箱

笑いのツボ

　箱には確かに "two to four years" と書いてあったのでしょう。しかし、普通こういう数字は完成までにかかる「年数」ではなく、「対象年齢」です。すなわち、2〜4歳の幼児向きのジグソーだったのです。

ちょっとウンチク

ジグソーパズルは、1760年にイギリスのJohn Spilsburyが地図製作者や木版師と一緒に作ったといわれています。

なぜjigsaw（糸鋸）パズルと呼ぶのかというと、最初は平たい四角の板に絵を描き、糸鋸で細かいピースに切り刻んだからです。現在は厚紙の上に写真や絵を貼り付け、dieと呼ばれる金属の型でピースに打ち抜きます。コンピュータ制御のレーザーやウォータージェットの打ち抜き機も使われます。

お城や山の図柄が典型ですが、パズルとしては500ピース、750ピース、1000ピースなどがあり、最大級のものになると1万8000ピースというものもあります。

米オハイオ州アセンでは、National Jigsaw Puzzle Championshipsも開かれます。

談話室

なぞなぞ

Q: What has 18 legs and catches flies?
A: A baseball team.

flyには「ハエ」という意味と「ボールのフライ（飛球）」という意味があります。ここでは両方に掛けているのです。
問：足が18本あって、フライを捕るものはなーに？
答：野球のチームです。

男と女のあいだには
Between a Man and a Woman

深くて暗い溝がある

老夫婦の離婚

さあ、笑えますか？

高齢のアンダーソン夫妻は離婚訴訟中でした。驚いた裁判官は二人を見て言います。「アンダーソンさん、あなたおいくつです？」

つづきは英語で

"Ninety-three, your honor."

"And your wife?"

"Ninety-one, your honor."

"And how long have you been married?"

"Sixty-six years."

"Then why do you want to get a divorce now?"

"Well, you know how it is, your honor. We were waiting for the children to die."

男と女のあいだには

訳と語句

「93歳でございます、裁判長」
「で、奥さんの方は？」
「91歳でございます、裁判長」
「で、結婚して何年？」
「66年でございます」
「それで、なぜ今になって離婚を希望するのですか？」
「まあ、人生はそうしたもので、裁判長。二人で子供たちが死ぬのを待っていたのでございます」

your honor （呼びかけ）裁判長、閣下
get a divorce 離婚する
you know how it is = That's how it is with life.　まあ、世の中はそうしたもの

笑いのツボ

これは人生の悲哀、ほろ苦さ、不条理などを皮肉ったblack humorの類です。高齢化時代を迎えると、旧来の常識がだんだんと通用しなくなりました。

　子供たちに仲の悪いところを見せたくないという親心から、子供が死ぬまでじっと待って、晴れて新しい人生を切り開こうと離婚に踏み切る老いた親たち。ぞっとするような光景ですが、ありえないことではないと思わせるところに、blackの薬味が利いているのです。

ちょっとウンチク

「black humor」の名付け親は、米国のユダヤ人作家 Bruce Friedman です。black は「暗い」「陰気な」「悪意のある」という意味で、陰湿で気味のわるいユーモアから、人生の不条理や心の闇などを描くジョークです。

今では black humor は様々なテーマに使われ、大学で専門の講座も出来ているほどです。21世紀になってからは、他人の母親をこき下ろすのが流行っているといわれます。

例 "Your mama's cooking is so bad, your family prays after you eat."（あんたのママの料理は本当にひどいから、家族は食事のあと神様に祈るんだってね）

普通の家庭では食前の祈りが普通ですが、この家では食後に、たぶん「食あたりしないように」とでも祈るのでしょう。

談話室

国際化ポエム

地球が狭くなったことの具体的な事例として、Jasmine Arora という人がネット上で、ダイアナ皇太子妃の交通事故死をネタに詩を作っています。

An English Princess,
（イギリスの王妃）
with an Egyptian boyfriend,
（ボーイフレンドはエジプト人）

uses a Swedish mobile telephone,
（スウェーデン製の携帯を使用）
crashes in French tunnel
（フランスのトンネル内で衝突）
in a German car,
（ドイツ製の車に乗り）
with a Dutch engine
（オランダ製のエンジン付き）
driven by a Belgian driver,
（運転手はベルギー人）
who was high on Scotch,
（スコッチを飲んで酔っ払い運転）
followed closely by Italian Paparazzi
（ぴったり追いかけるはイタリアのパパラッチたち）
on Japanese motorcycles,
（日本製オートバイに乗って）
treated by an American doctor,
（手当てはアメリカ人医師）
assisted by Filipino para-medical staff,
（助手はフィリピン人医療補助員）
using Brazilian medicines, dies!
（ブラジル製の薬剤を使用したものの、死亡！）

誕生祝い

さあ、笑えますか？

国際機関の責任者であるＡ氏が誕生日を迎えた日、ふだん何かと親切にしてくれる美人秘書のＢ嬢から、自宅マンションでのお祝いの誘いを受けました。
「誰にも言わないで、きっと来て」という蠱惑的な言葉に、Ａ氏の胸は高鳴りました。
当夜、まず二人きりで乾杯。そのあとＢ嬢は、「呼んだら、入ってきてね」と、ウインクとともに寝室に消えました。

つづきは英語で

He enjoyed his drink while undressing, waiting for her return.

After a while the bedroom door opened and she called: "Please come in."

He walked in, nude, as the lights went on, and the singing: "Happy birthday to you!" by all his office colleagues.

男と女のあいだには

訳と語句

彼は服を脱ぎながら酒を飲み、彼女が戻ってくるのを待ちました。
しばらくして寝室のドアが開き、「どうぞ、いらして」と彼女が呼びました。
彼が素っ裸で部屋に入ると、電気がいっせいにつき、事務所の同僚たち全員による「ハッピー・バースデー・ツー・ユー」の合唱が始まりました。

while undressing　服を脱ぎながら
as the lights went on　その時ライトがついた
colleague　同僚

笑いのツボ

とかく男女の間というものは、期待と誤解が避けられないものですが、それにしても、善意で開いてくれたサプライズパーティーのど真ん中にヌードで臨んだ A 氏は、切なくも助平な男性の性(さが)を同僚たちに一体どう説明したのでしょうか。

ちょっとウンチク

「助平」に当たる語は英語にも色々あります。
　lecher もその一つですが、語幹の lech は lick（なめる）という意味で、もともとエロと美食で鳴るフランス語からきたというあたり、暗示的です。すなわち、lick は「ベッドの上と皿の上の快楽追求を意味した」と、ある語源辞典は解説しています。
　他に「助平」の俗語に old goat があります。goat は「ヤギ」で、日本ではヒツジの親戚として「おとなしい、従順な」というイメー

ジがありますが、牧畜民族の西欧では違います。キリスト教ではヤギは悪魔と関係が深く、中世の迷信では、聖人を誘惑するために、その耳にみだらな言葉をささやく役を演じました。

また悪魔は、角があり、あごひげを生やし、ヤギそっくりの顔をしていたため、goat = promiscuous man（手当たりしだい女性に手を出す男）の意味も生まれました。goat house（売春宿）という古い俗語も、その延長線上です。

談話室
複数形の作り方

名詞を複数形にするのはけっこう複雑です。「若い切れ者」「神童」また「オタク」的軽蔑の意味合いも表すwhiz-kid、この複数形はwhiz-kidsですが、whiz（達人、名人）だけだと、複数形はwhizzsとなり、zを重ねます。

語尾がfまたはfeで終わる語は、fまたはfeをvに変え、-esを付けるというルールがありましたね。

例 wife → wives, life → lives, shelf → shelves, calf → calves

しかし、語尾がffだと、puff → puffs, cuff → cuffs のように、単に-sを付けるだけです。

また語尾がfまたはfeであっても、次のような語は例外的に-sだけで複数にします。

例 safe → safes, chief → chiefs, roof → roofs

夢の陣痛軽減装置

さあ、笑えますか？

ある産科医が、陣痛を軽減する装置を発明しました。産まれてくる赤ん坊の父親も痛みの何割かを分担して、そのぶん産婦の陣痛が軽くなるという画期的なものです。ある夫婦がさっそく試してみることになりました。分娩室で夫は、まず陣痛の20%を負担しましたが、ぜんぜん痛みを感じません。医者は徐々に負担率を上げたのですが、夫に変化はまったく現れません。

つづきは英語で

Since it was obviously helping out his wife considerably, he encouraged the doctor to transfer ALL the pain to him and the wife delivered a healthy baby with virtually no pain.

She and her husband were ecstatic and they were allowed to leave the hospital that evening. When they arrived home they found the milkman dead on the doorstep.

訳と語句

その装置が妻にはかなり効いていることははっきりしていたので、夫は医者に痛みを**そっくり全部**、自分に移すようにと頼みました。
そして妻は、ほとんど痛みもなく健康な赤ん坊を出産しました。夫妻は大変な喜びようで、その日の夕方、退院を許されました。
さて、彼らが帰宅して目にしたのは、戸口で死んでいる牛乳配達人の姿でした。

obviously 明らかに、はっきりと
help out ～の役に立つ、助ける
considerably かなり
encourage *someone* **to** *do* ～するようにうながす
deliver 産む
virtually ほとんど
ecstatic 有頂天になって

笑いのツボ

夫が留守のあいだに公然と訪れることを許される職種、それは牛乳配達や郵便配達。彼らが、留守を守る妻の浮気相手に選ばれるという図式があり、よくジョークのネタにされます。

このジョークの場合も、赤ん坊の実際の父親は牛乳配達人だったのですから、夫が何の苦痛も感じなかったのは当然です。その代わり、配達人はわけの分からない激痛に見舞われ、不慮の死をとげたというオチです。

男と女のあいだには

ちょっとウンチク

英国暮らしをした人なら、milk float と呼ばれる配達用の電動式小型トラックに乗った milkman のお世話になった経験があるでしょう。保存技術が進み、コンビニが至る所に出来た現在でも、英国やアイルランドではこの配達方式は健在です。

談話室

使わないって言ったら、使わないッ

lipogram という言葉があります。語源はギリシャ語で lipo = lacking、gram = something written です。すなわち、ある文字を含む語をまったく使用しない文章、または詩で、「字忌み文（詩）」と訳されます。例えば、英語でいちばん多く使われる E をまったく使わずに文章を書く、といったことです。これだと、the, me, we, he, she も使用できず、とても難しいことになりますが、米国の作家 Earnest Vincent Wright（1873-1939）がこれに挑戦し、5万語のストーリー *Gadsby* を完成しました。しかし、すごいストレスだったらしく、本の発売日に66歳でこの世を去りました。

なお、母音の A, E, I, O, U 抜きの英文は難しいのですが、数は偶然ながら、zero, one, two, three から nine hundred ninety-nine まで、すべて A が入らず、one thousand になって初めて A が入ります。お気づきでしたか？

あの世の住み心地

さあ、笑えますか？

Tom は 40 年連れ添った Sally を残して死にました。寂しさに耐えかねた Sally は、巫女の所に行き、あの世の Tom を呼び出してもらいました。

つづきは英語で

"Tell me," she asked, "are you happy on the other side?"
"Oh, yes, very." replied Tom.

"Happier than you were alive and with me?" asked Sally.
"Yes, Sally, I'm very much happier than when I was alive and with you," said Tom.
"Gosh," said Sally. "Heaven must be such a wonderful place."

"Who said anything about Heaven?" said Tom.

男と女のあいだには

訳と語句

「ねえ、教えて。そっちであなたは幸せ？」とサリーは聞きました。「うん、とってもね」とトム。

「私と一緒に暮らしていた時より幸せ？」とサリーは聞きます。
「そうだよ、サリー。きみと暮らしていた時より、ずっと幸せだよ」とトムは答えました。
「本当に？ 天国って、そんなにすばらしい所なのね」とサリー。

トムは言いました。「誰が天国の話なんかした？」

on the other side そちら側（＝あの世）で
gosh （驚き）へーっ、本当に？
Who said anything about Heaven? 天国について誰か何か言ったか（反語用法）

笑いのツボ

　妻は on the other side（あっちの世界）を「天国」のつもりで使ったのです。「私と一緒に暮らしていた時より幸せだなんて、天国って何とすばらしい所なんでしょう」と思わず口にする妻に対し、「誰が天国って言った？」と応じる夫。
　ということは、天国でない所、すなわち地獄にいるはずです。それでも「あの結婚生活より、ずっとずっとまし」ということなのですから、Tom にとっては、生前の結婚生活は地獄以上にひどいものだったんですね。
　加害者は被害者の苦悩などまったく分かっていないという、男性側からの痛烈な皮肉です。

🍡 ちょっとウンチク

青森県恐山のイタコのように、死者を口寄せするという霊媒は外国にもいます。英語で spirit medium または単に medium といいます。

近年では科学的な装いをもって、テレビなどで華々しく取り上げられる霊媒も結構います。例えばニューヨークの John Edward は、死者と交霊できることを売り物にし、テレビのショー番組で活躍中です。

同様に、James Van Praagh もそうした一人で、CBS テレビでプロデューサーを務めるドラマ *Ghost Whisperer* が大ヒット中です。これには Jennifer Love Hewitt, David Conrad, Aisha Tyler が出演し、死者と交霊できる若い女性を描くシリーズです。

🗻 ボキャビル広場

あの世との交霊や占いの類は、どの文化にもあります。関連用語を紹介しましょう。

horoscope（占星術）
astrology（星占い）
graphology（筆跡学）
fortune telling（運勢判断）
parapsychology（千里眼）

などですが、blood type（または blood group 血液型）による性格判断は日本特有のもののようです。

これらさまざまな占いに従事する人を hypnotist（催眠術師）、psychic（霊能力者）、graphologist（筆跡学者）、palmist（手相見）、astrologer（占星術師）などといいます。

「占う、予言する」の動詞には read を使います。

例 read *someone's* fortune in the leaves
　（お茶の葉で運勢を占う）

　cold reading は、reader（占い師）が sitter（客）より客自身の事をずっと良く知っていると思わせるテクニックです。この cold reading に、さまざまな手段で得た客の情報を組み合わせることを hot reading といいます。占い師が客の情報をそれとなく得る方法に、shotgunning があります。これは相手に shotgun（散弾銃）のように矢継ぎ早に質問を浴びせて、情報をうまく引き出し、profiling（人物像の組み立て）をする方法です。

　psychic reading は「霊媒による占い」です。

　日本人にはＡ・Ｂ・ＡＢ・Ｏの血液型分類が非常におなじみなことでも分かるように、人間は大まかに分けた性格分析をけっこう信じるものです。このことは心理学者の Bertram Forer 博士の実験によって確認され、Forer effect（フォラー効果）と名づけられています。

願い事が妻には倍

さあ、笑えますか？

ある男が砂浜で古いランプを拾いました。ランプをこすると genie（魔人）が出てきて、「三つの願いをかなえてあげる」——というのが、こうしたお話の常道です。

ところが、今回は少しばかり違っていました。どこが違うかというと、男の願い事がかなえられるのはもちろんとして、妻にはその倍のものが与えられるというのです。男が「100万ポンド欲しい」と願えばそれはかなえられますが、妻には200万ポンドが転がり込むというわけです。

本来なら願ったりかなったりのはずですが、皮肉なことに男と妻はちょうど離婚訴訟中で、男は頭を抱えました。

つづきは英語で

"So," says the man, "let me get this straight. I have a million pounds and my wife has two million. I have a huge mansion and my wife has one twice that size."

"Correct," says the genie. "What do you want for your third wish?" The man ponders momentarily and replies, "I want you to scare me half to death."

男と女のあいだには

📝 訳と語句

男は言いました。「で、話をはっきりせたいのだが、私が100万ポンド受け取り、妻が200万ポンド受け取る。私が大きな豪邸をもらい、妻はその2倍の大きさの豪邸をもらえるんだね」

「その通り」と魔人は答えます。「で、あなたの三つめの願いというのは何だね？」。男はちょっと考えてこう答えます。「私を、死ぬほどの半分怖がらせてくれないか」

get this straight　この事をはっきりさせる
one twice that size　同じもので2倍の大きさ
ponder momentarily　ちょっとの間考える
scare me half to death　scare me to death（私を死ぬほど怖がらせる）の半分をする

😀 笑いのツボ

　自分がカネも大邸宅も欲しいから、その倍が離婚寸前の妻に行ってもいい。でも、三つめのお願いで妻に意趣返しをしたい。そこで妻を、本当に死ぬほど怖がらせてもらう。で、自分はその半分怖がらせられるだけで死ぬのは免れるという算段。to deathとその半分の程度のhalf to deathが、このジョークのミソ。

51

💬 ちょっとウンチク

genie はアラビア語の jinni(創造主の一員)からきました。その魔人が西欧世界ですっかり有名になったのは、例の『アラビアンナイト』の *The Book of One Thousand and One Nights*(千夜一夜物語)からです。

アラビアの貧乏な若者 Aladdin が、不思議なランプを手に入れます。こするとたちまち魔人が現れて、Aladdin の忠実な僕(しもべ)になって、何でも願いを聞いてくれるのです。

こうして、Aladdin は富と美女を手に入れて「めでたし、めでたし」となるのです。これは古くから世界各地に存在する the "rags-to-riches" story(赤貧から大金持ちへの物語)のアラビア版です。

🌲 ボキャビル広場

12 という数字は、各文明にとってなじみの深いものです。2 でも 3 でも 4 でも 6 でも割り切れるところから、duodecimal(十二進法)として時間、度量衡などにも広く使われてきました。

中国では干支(えと)の十二支(Twelve Earthly Branches)に残っていて、日本にも伝わっています。ヒンドゥー教徒が癒しを求めて聖なるガンジス川に集う Kumbha melas(クンバメラ)は、12 年に 1 回行われます。旧約聖書ではイスラエルの十二氏族(Twelve Tribes)があり、キリストの弟子(followers)は 12 人です。その他、ギリシャ神話に出てくるヘラクレス(Hercules)の 12 の功業、アーサー王伝説の 12 人の円卓騎士団(the Knights of the Round Table)などいっぱいあります。

12 = 1 dozen(ダース)で、その 10 倍の 120 は small gross、

12の2乗の144はgross、12の3乗の1,728はgreat gross（=12 gross）で、ともに船積みや大量の売買などの単位に使われます。

　また、twelve-incherは「12インチ物」という意味で、大砲の口径の他に、長さ、高さ、直径などが約30センチ程度のものを指す言い方です。例えば、That trout is only twelve-incher.（あの鱒は1尺足らずだ）といった具合です。

　十進法を廃し、この十二進法を推進しようという組織がDozenal Societyで、英米を中心に活躍しています。電話の番号キーの数が、0〜9の数字に＃と＊を加え、合わせて12になっているのも十二進法の影響だと言う人がいます。

　dozenについての変わったイディオムを紹介します。a baker's dozenといえば、1つおまけの13。イギリスのパン量目厳守の法律が公布され、用心のために13個を1ダースと数えたことから。そこからgive *someone* a baker's dozenという面白い表現も出来て、これは「もう1つおまけに殴ってやる」という意味です。a printer's dozenも13のことですが、出版社が13冊を「12冊分」として卸売りした習慣からきたものです。

PUN クイズ

　象とキリンが散歩していると、亀が道端で眠っていました。象がこの亀を思い切り蹴飛ばしたため、連れのキリンがびっくりして、その理由を聞きました。
"That turtle bit a big chunk out of my trunk fifty years ago," said the elephant.
"Fifty years ago! Wow, what a great memory!" said the giraffe.
"Yes," said the elephant, "I have a turtle recall."
（「あの亀は50年前、私の鼻を思いっきり食いちぎったんだ」と象は言いました。「50年前だって！なんてすごい記憶力なんだ！」とキリン。「そうだよ。何しろ私は亀のことを忘れないからね」と象は答えました）
　どこが pun（語呂合わせ）なのか、お分かりですか？

答え

　象の言った"I have a turtle recall."、この turtle recall が total recall（すごい記憶力）と語呂合わせになって「オレは亀のことは忘れない」ということです。

現ナマに手を出せ！
Go for It

アブない橋の渡り方

バリアフリー・マフィア

さあ、笑えますか？

マフィアの商売もこのところ競争が厳しいとあって、ある組織は、聴覚に障害はあるものの集金にかけてはスゴ腕の男を雇いました。しかし、この集金人(collector)は5万ドルを持ち逃げしちゃいます。
捕まってボスの前に引き出され、「カネはどこだ？」と追及されたのですが、「何の話だ」と手話の通訳を通してトボケます。怒り心頭のボスはピストルを集金人のこめかみに当て、質問を繰り返しました。

つづきは英語で

The collector signed back, "It's in a tree stump in Central Park fifty yards east of the main fountain."

The interpreter told the boss, "He said that he still doesn't know what you're talking about and that you don't have the guts to pull the trigger!"

現ナマに手を出せ！

訳と語句

集金人は手話でこう答えました。「カネはセントラルパークの大きな噴水の東 50 ヤードにある木の切り株の中だ」

手話通訳者はボスにこう伝えました。「こいつは『まだ何の話か分からん。それにあんたには引き金を引く度胸なんかねえだろう』ってぬかしてますぜ」

sign back 手話で答える
tree stump 木の切り株
have the guts to *do* ～する肝っ玉がある
pull the trigger 引き金を引く

笑いのツボ

ボスと集金人の間で直接会話が成り立たない、というのがこのジョークのミソです。言い換えれば、間に立つ通訳の言葉次第です。
「引き金を引く度胸なんてないだろう」なんて言われたら、頭にきたボスは必ず引き金を引くでしょう。そうなれば、カネのありかを知っているのは通訳だけ、ということになり、ひとりニンマリという図が浮かびます。

ちょっとウンチク

手話は sign language または signed language といい、国によって違いますが、異国語同士の会話は、言語による会話よりずっと容易だといいます。共通する手まねが多いからでしょう。

国によって手話は、聴覚障害者に対して母国語に優先する第一言語の扱いで保護されています。

面白いのはオーストラリア中部砂漠地帯に住む原住民のWarlpiri Sign Languageです。Warlpiri族の未亡人は一定期間、普通の言葉による会話を禁じられ、家族と隔離されるため、他の未亡人や独身女性と共同生活を送りながら、手話で会話することを余儀なくされます。その結果、彼女らの間では手話が非常に発達し、細かい感情表現も可能といいます。男性はこれを習って狩猟に役立てるそうです。

ボキャビル広場

just deserts（当然の報い）というイディオムがあります。give a criminal his or her just deserts（犯罪者には相応の罰を与える）というふうに使います。

この deserts（通常複数）は「当然受けるべき賞や罰」という意味で、アクセントは第2音節にあります [dizə́ːrt]。本来、この語は名詞「砂漠」ではアクセントは第1音節にあり、動詞「放棄する」では第2音節に移ります。

ここでやっかいなのは、just deserts の desert は名詞であるにもかかわらず、第1音節ではなく、動詞のときと同様に第2音節にアクセントがあるということです。おまけに、食後の「デザート」を意味する dessert(s) と発音もアクセントも同じです。ややこしすぎますね。だから、英米人の間でも「just deserts は just desserts の誤りではないか」という質問が絶えないといいます。

just deserts の desert は、語源的には deserve（〜するに値する）からきています。

> 現ナマに手を出せ！

談話室

英語の最長単語は？

Q: What is the longest word in the English language?
問：英語でいちばん長い単語は何か？

　この答えはいろいろあります。最も一般的な答えは、

　　antidisestablishmentarianism（政教分離反対思想）

で 28 文字。

　しかし、化学用語には驚くほど長いものがあります。*Oxford English Dictionary* や *Webster's* や *Random House* には 45 文字の単語がありますが、これは無理に作ったものらしいですね。他に、*Gould Medical Dictionary* には 37 文字の医学用語が載っています。あるいはディズニー映画 *Mary Poppins* に出てくる歌の題に 134 文字のものがあります。

　しかし、こうした論議は四角四面なもので、一般には退屈きわまりないものです。そこで、jokedom（ジョークの世界）における答えは「smiles（微笑の複数形）」。そのココロは「s と s の間が mile（1 マイル）もある」というもの。

　ここでにっこりスマイルして、この論争は終了。

殺しの電話番号

さあ、笑えますか？

金持ちの実業家が出張に出かけ、滞在先から家に電話を入れました。メイドに「女房を呼んでくれ」というと、「奥様はただいま、恋人と寝室でナニなさっています」という返事。キレた実業家は「分かった。私の部屋に銃があるから、それで二人を撃ち殺せ」と命令しました。すると、しばらくして2発の銃声が聞こえました。電話口に戻ってきてからの二人の会話。

つづきは英語で▼

"What shall I do with the bodies?" she asked.

"Take them out the back," the man said. "And dump them in the swimming pool."

"What swimming pool?" the maid asked.

"That is 555-3326, isn't it?" asked the man.

現ナマに手を出せ！

📝 訳と語句

「死体はどうしましょうか？」とメイドは尋ねました。
「裏口から出して、プールに放り込んでおけ」と実業家は言いました。
「何のプールです？」とメイド。
「そちらは555の3326番だよね？」と男は尋ねました。

do with 〜を処理する
body 死体
take them out the back 裏口から外へ出す
dump 投げ捨てる

😄 笑いのツボ

　さあ、二人の会話のどこが面白いのでしょうか。命令を忠実に果たしたメイドに「何のプールです？」と聞かれたとき、この実業家はすべてを悟りました。

　男のプール付き邸宅に勤めているはずのメイド、「何のプールです？」などと聞くはずがありません。このメイドが今いる家は、きっとプールなしに違いありません。とすると・・・。そこで実業家は、念のために電話番号を確かめたのです。ホラー小説にも似た、簡潔でよく出来たジョークですよね。

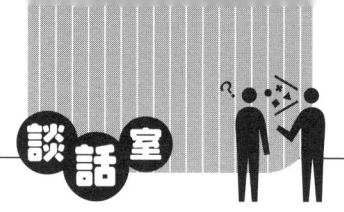

早口言葉

「坊主が屏風に上手に坊主の絵を描いた」「隣の客はよく柿食う客だ」といった日本語の早口言葉に対し、英語にも類似の表現がいろいろあります。それを tongue twister（舌をよじれさすもの）といいます。次の例文で、少し舌を滑らかにする練習をしてみてはいかがでしょうか。

Betty Botter bought some butter.
But she said, "This butter's bitter.
If I put it in my butter,
It will make my butter bitter."
So Betty Botter bought a bit of better butter
And put it in her butter
To make her butter better.
ベティ・ボターはバターをいくらか買った
でも「このバターは苦い」と言った
「もし私のバターにこれを入れれば、
私のバターも苦くなる」
そこでベティ・ボターはもっとよいバターを少し買った
そして、それを彼女のバターに入れた
彼女のバターをもっと良くするために

神様への手紙

さあ、笑えますか？

ジョニーは大変ないたずら少年です。誕生日が近づき、プレゼントに赤い自転車がどうしても欲しいのですが、いつも手を焼いているお母さんは厳しい条件をつけます。「この1年間を反省し、自分が自転車をプレゼントしてもらうに値するかどうか、ちゃんと神様に報告する手紙を書きなさい」というのです。ジョニーは何回も手紙を書き直しますが、反省ばかりして謝罪するのもシャクにさわるし、どうしてもうまく書けません。とうとう意を決して・・・

つづきは英語で

He walked down the street to the church and up to the altar. He looked around to see if anyone was there. He picked up a statue of the Virgin Mary and slipped it under his shirt and ran out of church, into his house, and up to his room.

He shut the door to his room and sat down with a piece of paper and a pen. Johnny began to write his letter to God. "Dear God, I've got your mom. If you want to see her again, send the red bike."

訳と語句

彼は歩いて教会に行き、祭壇に向かいました。誰もいないか見回して聖母マリア像を取り上げると、それをシャツの下にそっと忍ばせました。一目散に教会を出ると、自分の家へ、そして自分の部屋へ。

ドアを閉め、紙とペンを持って座りました。そして次のように神様への手紙を書きました。「親愛なる神様。あなたの母さんはボクが預かっています。生きて帰ってきてほしければ、赤い自転車をボク宛に送ること」

altar 祭壇　　**Virgin Mary** 聖母マリア

笑いのツボ

ジョニーは本当に enfant terrible（恐るべき子供）です。よい子ぶった手紙をどうしても書けないとなると、「神様のママを誘拐しちゃえ」という手段に出るのですから。

そしてマリア像を盗み出し、神様に「身代金代わりに自転車をちょうだい」と脅迫状を書くのですが、発想のユニークさと悪ガキぶりが、何となくカワユ～イですね。

ちょっとウンチク

Virgin Mary はもちろん聖母マリアですが、カクテルの世界にも Virgin Mary はおわします。

まず、有名なカクテルに Bloody Mary があるのをご存知でしょう。ウオツカをベースに、トマトジュースを混ぜ、ウスターソース、タバスコなどを加えたものです。由来は英女王 Mary I（メアリー1世 1516-1558）で、新教になった英国を旧教に戻そうとして新教

徒を弾圧し300人を虐殺したところから、Bloody Mary（血まみれメアリー）と呼ばれました。カクテルの方も、血のような色からBloody Maryと名づけられたのです。

そして、Bloody Maryからウオツカを抜いたものがVirgin Maryなんです。つまり、ノンアルコールですね。

ちなみに、ウオツカの代わりにテキーラを使うと、Bloody Mariaといいます。Mariaはスペイン語でMaryのことです。

談話室

PUNクイズ

Harryはclam（二枚貝）専門のレストラン兼ディスコSam Clam's Discoでharp（竪琴）を弾いていましたが、事故で急死し、天国へやってきました。

ある日、望郷の思いを断ちきれず、天国の番人St. Peter（聖ペテロ）に「一晩だけ地上に帰り、むかしの仲間と演奏することを許してください」と涙ながらに訴えます。同情したSt. Peterは願いをかなえてやります。

心ゆくまで楽しんで天国に帰ってきたHarryの手にharpがないので、St. Peterが「harpはどうしたのだ？」と聞くと、Harryは

"I guess I left my harp in Sam Clam's Disco."

と答えました。

　さあ、どこが pun（語呂合わせ）で面白いのか。ヒントは有名な歌の歌詞です。

答え

　ヒントはあるスタンダードナンバー。そうです、

I Left My Heart in San Francisco
（思い出のサンフランシスコ）
のもじりだったのです。

　掛け言葉による駄洒落 pun は会話の中ではしばしば登場し、人々に愛好されていますが、高級なユーモアではないだけに、やりすぎないことも必要です。厳格な人には、スピーチなどで偶然掛け言葉になってしまう際に、"no pun intended（駄洒落を言うわけではありませんが）" などと断る人が多いようです。

ワニ、カネ、美女

さあ、笑えますか？

大変な美人の一人娘を持つ大金持ちがいました。彼は大きな池にワニをたくさん飼っていました。

ある日、大勢の若者を招いてパーティーが開かれ、「このワニの池を向こう岸まで無事に泳ぎきった者には、娘か百万ドルか、好きな方を進呈する」と発表しました。

みな顔を見合すばかりで、誰も名乗り出ません。この時、ひとりの若者が突然、池に飛び込みました。みながかたずを呑んで見守る中、この青年は追いすがるワニを次々と振りきり、見事、対岸に泳ぎ着きました。

感激した大金持ちは勇敢な青年に・・・

つづきは英語で

"That was amazing! So what's it to be: the million or my daughter's hand?"

The hero replied, "I don't want your money or daughter. I just want the bastard who pushed me in!"

訳と語句

「すばらしかった。さあ、どちらにするかね。百万ドルかね、娘かね」
ヒーローは答えた。「お金も娘さんも要りません。ただ、私を池に突き落とした奴に用があります」

What's it to be? どうしますか？
my daughter's hand 娘の手（を取ること）＝娘を自分のものにすること
bastard 奴（男性に対する怒りの言葉）

笑いのツボ

「カネか美女か」という満場の期待を裏切って、青年の行為はただ、降りかかった災難をかわすための必死の闘いだったのです。

ちょっとウンチク

「ワニ」には英語で crocodile と alligator がありますが、一般には crocodile を使い、alligator はその一種というところでしょう。

crocodile tears といえば、食物を食べるときに顔面神経麻痺が原因で目が潤むのを、涙を流すと信じられたことから、「偽善的な涙」「空涙」の意味に使われてきました。

会話でふざけてワニを使う用法に、See you later, alligator.（じゃあ、またね）があります。この場合、alligator はたんに later と韻を踏んで語呂がいいからで、意味はありません。これに対する返事は、After a while, crocodile.（うん、しばらくし

たらね）などと言います。やはり while と crocodile が韻を踏んでいるんですね。

談話室

池の向こう側

　池といえば、英語に on the other side of the pond という言い方があります。これは英米国民がお互いを指すおどけた言い方で、pond（池）はこの場合、ジョークのワニの池なんてものではなく、the Atlantic Ocean（大西洋）のことです。

　その「池の両岸」では、言葉、とくにスラングがかなり違う場合があります。ロンドン在住のある米国人がイギリス人の友人に、別れ際にお尻をポンとたたかれ、"I'll knock you up tomorrow." と言われ、仰天しました。knock up はイギリスの俗語では「ドアをノックして起こす」という意味ですが、米俗語では「一発お見舞いして妊娠させる」という意味なのです。ポン！とたたかれた場所も悪かったですね。

ミンクのコート

さあ、笑えますか？

ある土曜日、紳士と淑女が有名な毛皮店を訪れます。「こちらの婦人に最高級のミンクのコートを見せてあげてくれないかね」と紳士。

店主が見事なコートをもって現れると、婦人はさっそく試着します。店主は「特製品ですから5万ポンド（約1,000万円）ですが」と紳士に告げます。

つづきは英語で

"No problem!" says the man. "I'll write a check!"

"Very good, sir," says the owner. "You may come by on Monday to pick the coat up, after the check clears."

On Monday, the man returns on his own. The owner's outraged. "How dare you show your face in here? There wasn't a cent in your account."

"Sorry," grins the man, "but I wanted to thank you for the most wonderful weekend of my life!"

現ナマに手を出せ！

訳と語句

「問題ありません。小切手を切りましょう」とその男性。
「ありがとうございます。小切手も決済されていることでしょうから、月曜日にコートを取りにお越しいただければ」と店主。

そして月曜日、男性はひとりで店に。すると店主はカンカンです。
「よくもあなた、しゃあしゃあとここに来れたものですね。あなたの口座には1セントもないじゃないですか」
「すまん、すまん」とその男はニヤニヤしながら言います。「でも、生涯にあんな素晴らしい週末を過ごしたことはなかったので、あんたにお礼が言いたくてね！」

write a check　小切手を切る
come by　立ち寄る
clear　(小切手が)決済される
on *one's* **own**　自分ひとりで
be **outraged**　激怒する
How dare you show your face in here?　どのツラさげてやって来たんだ
account　預金口座
grin　ニヤリと笑う

笑いのツボ

　最高級のミンクのコートを買ってもらったと思った女性は当然、男に最高のサービスをしたことでしょう。男の口座は空っぽだと分かっても、後の祭りでした。世に、悪い男の騙しのテクニックはネタが尽きないものです。

💬 ちょっとウンチク

　欧米では animal rights（動物の権利）または animal liberation（動物解放）運動が盛んです。そうした運動家から見ると、動物の毛皮を着るなど許されないという主張になります。このジョークの主人公は、実際には毛皮を買わなかったのですから、大いに賞賛されるべき?!

　ドイツでは、動物愛護が憲法に明文化されているといいますし、哲学者 Peter Singer が創設した Great Ape Project（類人猿計画）は、Declaration on Great Apes（類人猿宣言）を国連が採択するように運動中で、ゴリラやオランウータンなどに人間と同じ権利を認めよと主張しています。

　この分野の先進国イギリスでは、1824 年設立の約 200 億円の資産をもつ有力団体 RSPCA（動物虐待防止協会）が、貴族の伝統的スポーツ「狐狩り」廃止などに大きな成果をあげています。

談話室
顔文字の一種

　英文メールを交換する場合、あるいはネットの掲示板などで、国際的に認められた abbreviated signoffs（文末の省略語）というものがあります。一般的な例をいくつか挙げてみます。

ooo = hugs（あなたにハグを）

xxx（あなたにキスを）

・See you soon, Jenny, xxx.（じゃあね、ジェニー、チュッ）

と、こんなふうに使うわけですね。

　これが大文字の "OOO", "XXX" になると、「ビッグなハグを」「ビッグなキスを」というメッセージになります。

　なぜキスが "x" かというと、一説には唇と唇を合わせた形からきた、あるいは、昔は署名のできない文盲はX印で代用することが認められ、立会人がその上にキスをしたから、などと諸説があります。

　これらをベースに、バリエーションもいろいろ生れています。例えば (X) は「押入れの中でキスを」になり、"oo" は「あなた以外の皆にキスを」となります。

　また、"zzz" は「ズーズーズー」でいびきのこと。で、"x" と "z" の間の "yyy" になると、「キスといびきの間に起こる事の何でも」などというふざけた解説がありますが、ここまでくるとちょっとお遊びが過ぎるようです。

マルサに負けず

さあ、笑えますか？

豪勢な生活をしながら、脱税の天才という若い男がいて、当局はその追及に躍起になっていました。男は収入を全てギャンブルで得ていると言います。

証拠を示せと言う税務署員に男は同意し、「歯をすっぽり抜いてみますよ」と賭けをして、「そんなことできるか」と言う署員に総入れ歯を外して見せるし、「目玉を取り出せるか」と賭けさせては、精巧な義眼を取り出して見せます。

手に負えないと呼ばれた税務署の上役との間のやりとりは・・・

つづきは英語で

Young man: I bet you have a big scar on the left side of your body.

Tax man: I take this bet immediately.

They withdraw to the more intimate room and the

tax official undresses to show that he has no scars. The young man comments philosophically: "You are right. I lose this bet, but I am winning a much bigger one from one of your colleagues with whom I bet I would be able to have you undress in front of me."

訳と語句

若い男：あなたの体の左脇にきっと大きな傷跡がありますね。
税務署員：では、さっそく賭けましょう。

そこで二人はもっと人目につかない部屋に移り、税務署員は服を脱いで傷がないことを示します。
若い男は冷静にこう言います。「あなたが正しい。私はこの賭けには負けた。けれど、あなたのお仲間の一人との間の、もっとずっと大きい賭けに勝つことになります。それは、私の前であなたが服を脱ぐようにしてみせるという賭けなんです」

scar　傷あと
withdraw　引っ込む、移る
more intimate room　もっと人目につかない部屋
undress　服を脱ぐ
philosophically　冷静に
have you undress　あなたに服を脱がさせる

笑いのツボ

　小さな賭けで挑発し、実は別の賭けに大金を張って、それで一杯食わせる！　税務署員を相手にするには、これくらいの悪知恵が必要だということです。また、この実験によって、「自分はギャンブルで食っている」という言い分をこの男は実証しました。
　税務署が好感を持たれている国は、世界のどこにもまずありません。それだけに、税務署員を対象にしたジョークは数多くあり、これもその一つで、ブラジルの話です。

現ナマに手を出せ！

ちょっとウンチク

税に関する用語を紹介しましょう。
・tax avoidance は「節税」で、まったく合法的。
・tax evasion は「脱税」で、こちらは犯罪。

日本の企業などで「申告漏れ」として摘発されるものには、事実上の tax evasion が多いようです。また、文書偽造などで脱税をする tax fraud という表現もあります。

私利私欲ではなく、主義主張から特定の税金支払いを拒否することを tax resistance といいます。税法を独自に解釈して特定の税支払いを拒否する人を tax protester と呼ぶこともあります。

ちなみに、貧富の差が激しい米国の最近の統計では、トップ1%の納税者が全個人の所得税の3分の1、連邦税の23%を払い、5%の人がそれぞれ55%、39%を払っているといいます。

談話室
みんなで考えよう、税のこと

　権力者は歴史的に、あらゆる口実を設けては税金を徴収しようとします。英国の例に window tax という税金がありました。

　1696 年、時の国王 William III は、各世帯の窓の数に従って税金を課しました。「窓が多いほど所得は多いはず」というのがその理由です。これはまるで「窓を通して入る空気と光に課税するようなものだ」と悪評で、窓を板張りにしたり、窓なしの寝室を作ったりする人が増えました。そして 1851 年になってとうとう廃止されました。

　ところで、daylight robbery という表現がありますが、「白昼強盗」の意味から転じて、「法外な料金の請求、ボッタクリ」などの意味で使われます。この語源が「日光」に課税しようとした window tax に由来するのではないかという論議が BBC ラジオで行われました。しかし、daylight robbery が初めて辞書に登場したのは 1949 年ですから、由来は window tax ではない、と決着しました。

家庭口論
Family Feud

幸福な家庭は
すべて互いに
似かよったものであり、
不幸な家庭はどこも…

ピリオド

さあ、笑えますか？

先生がクラスの全員に「何かびっくりするような話をしなさい」と命じました。ジョニーの番が来ると、彼は黒板に小さな丸を書きました。

つづきは英語で

"What's that?" the teacher asked, puzzled.
"It's a period," says Johnny.
"Well, I see that, but what's excited about a period?"

"Darned if I know, but this morning my sister said she missed one... Dad had a heart attack, mom fainted, and the guy next door shot himself."

家庭口論

訳と語句

「それがどうしたの？」と先生はけげんそうに聞きました。

「ピリオドですよ」とジョニー。

「そりゃ分かるけどね、ピリオドの何がびっくりするようなことなのよ？」

「そんなこと知るわけないよ。今朝、ねえちゃんがピリオドが来ないって言って。すると父さんが心臓麻痺を起こすし、母さんは気を失うし、隣のにいちゃんは銃で自殺するしね」

puzzled 当惑して　　**darned if I know** オレの知ったことか
she missed one 毎月のものが来なかった (one = period)

笑いのツボ

これは period がポイントです。確かに「黒い小さな丸、終止符」の意味はありますが、口語でよく使われる意味に「女性の生理」があります。

娘のそれが止まったということで、両親は卒倒、身に覚えのある隣の青年は自殺、と確かにエキサイティングな出来事でしたね。

ちょっとウンチク

ジョークのジャンルに Little Johnny jokes というものがあります。小学校低学年のジョニーは、時には大人顔負けの知識、とくに性に関する知識を披露しながら、大人の口からはとても言えないことをずけずけ聞いたりしゃべったりして、笑いを呼

ぶのです。

　これは世界共通の「笑いの仕掛け人」のようで、主人公は例えばフランスならToto、スペインならJaimito、ドイツならFritchen、フィンランドならPikku-Kalleとして、jokedom（ジョークの世界）で大活躍しています。

🌲 ボキャビル広場

　numeric terms（数字を使った言葉）の第2弾です。

● **eighty-six**（または86）は名詞で「招かれざる客」、動詞で「拒絶する」を意味します。
　例　The show will go on next month, but the band may be eighty-sixed.（ショーは来月も続行するはずだが、あのバンドは出演を拒否されるかもな）

　語源には諸説あり、昔ニューヨーク市の地下鉄終点の86th Street駅で酔っ払い客を車掌がつまみ出したから、というのもその一つです。

● **twenty-twenty (20/20)** は、「視力正常の」という意味の視力検査用語です。日本の「視力1.0」は、英語圏では20です。左右とも20のことを「20/20」と表します。それから「鋭い洞察の」という転意にも使います。
　例　With 20/20 hindsight, we see that our national unity problem was not a constitutional issue.
　（鋭い洞察力を働かせ振り返れば、わが国の統合問題は憲法が争点ではなかったと分かる）

● **catch-22** は Joseph Heller の同名の小説『キャッチ=22』か

らきた表現で、「こちらを立てればあちらが立たず」というジレンマを指します。Heller は最初 *Catch-18* にしようと思ったのですが、*Mila 18*『ミーラ街18番地』という小説が先に出たところで、混同を恐れた編集者の意見によって、22を選んだそうです。

● **bagel** とは、固いパン「ベーグル」のことですが、丸いところから、スポーツ用語で「相手を0点に抑える」意味に使います。これも numeric terms の一種でしょう。

　例　They have bageled their opponent.
　　（彼らは相手チームを完封した）

英語いろは歌

「いろはにほへとちりぬるを（色は匂へど散りぬるを）〜」と、いろは48文字をすべて1回ずつ織り込んだ和歌があります。英語にも、同じ文字の繰り返しをできるだけ少なくして、アルファベット26文字をすべて含んだ文というのがあり、それをパングラム（pangram）と呼んでいます。

　代表的なものに、むかし英文タイプの練習で使った
The quick brown fox jumps over the lazy dog.
（すばしっこい褐色の狐が、怠け者の犬の上を跳び越す）
というものがあります。これは実によくできていると思いますが、他にも、愛好家たちがさまざまなpangramを生み出しています。例えば、
Pack my box with five dozen liquor jugs.
（箱に5ダースの酒の壺を詰めてくれ）
Sphinx of black quartz judged my vow.
（黒水晶のスフィンクスが、私の誓いを裁いた）
などです。皆さんも試みてみませんか。

ロバに蹴られて

さあ、笑えますか？

ある村で、農夫の飼っていたロバが義理の母親を蹴り殺してしまいました。お葬式が執り行われます。

つづきは英語で

When she was buried, the whole male population of the village flocked to the church.

After the funeral, the priest expressed his joy to the peasant: "Your mother-in-law was liked very much. I have never seen so many people in the church."

Peasant: They didn't come for the funeral. They came to buy the donkey.

訳と語句

彼女が埋葬される時には、村中の男が教会に集まりました。

葬式のあと牧師は、この農夫に喜びを述べました。「お義母さんは非常に慕われていたのですね。こんなに多くの人が教会に来たことはありません」

農夫 この人たちは葬式に来たのではなく、あのロバを買いに来たのです。

be buried　埋葬される
flock to　〜に集まる
funeral　葬儀
mother-in-law　義理の母、姑

笑いのツボ

これは、義理の母親が非常に横暴な土地での話。蹴り殺される相手を、悪妻に苦しむ村なら妻に置き換え、亭主が威張りくさっている所なら亭主に置き換え、「そんなロバがいるなら、自分も欲しい」と葬式に集まる人も、それに応じて適当に読み替えれば、どこででも使える話です。

ちょっとウンチク

ロバに関して英語の古いことわざに、
"Better be the head of an ass than the tail of a horse."
（ウマの尻尾よりロバの頭の方がまし）

があります。日本語の「鶏口となるも牛後となるなかれ → 鶏口牛後」にソックリですね。

こんなことわざもありました。

"Better ride on an ass that carries me home than a horse that throws me."（振り落とされるウマよりも、家に運んでくれるロバの方がまし）。

これは大塚高信著『英語ことわざ辞典』（三省堂）によると、「知らぬ仏よりなじみの鬼」ということで、「ソフトでも良く知らぬ他の女性より、ガミガミ屋でも実のある女房の方がまし」くらいの意味でしょうか。

なお、昔はロバのことを ass と言い、今でもオスのロバは jackass ですが、ass には下品な意味があるので、donkey が一般的になりました。

また、米共和党のシンボルのゾウに対し、民主党はロバですが、これは、民主党のアンドリュー・ジャクソンが 1828 年の大統領選に出馬したとき、共和党が彼を jackass と呼んだことをきっかけに、ロバを民主党の非公式シンボルにしたことに由来します。

a very long time という意味で、donkey's years という表現があります。ロバの耳が長いところから、ears を years と言い換えた pun（語呂合わせ）です。

例 Helen and I bought it donkey's years ago.
　（ヘレンと私はそれをずっと前に買った）

また、donkey engine は「補助エンジン」で、これを修繕する人を donkey doctor と言います。

なお、雄のロバと雌ウマの子はmule（ラバ）で、雄ウマと雌ロバの子はhinny（ケッテイ）です。しかし、後者は掛け合わせが悪く、ウマとロバのhybrid（交配種）はほとんどがmuleです。muleもhinnyも、染色体の関係で子供ができません。また、muleには「素人の麻薬運び屋」の意味もあります。

ボキャビル広場

家族関連のイディオムを2つ紹介しましょう。

● **a father figure**　父親のように頼りがいのある人、父親代わり
  例　In his role as head of personnel, he became a father figure for the whole company.
  （人事部長として、彼は社全体の父親的存在になった）

● **a chip off the old block**　親にそっくりの子
  （chipは木の断片。blockは角材）
  例　He is as stubborn as his father — a chip off the old block in other words.
  （彼は父親譲りの頑固者で、別の言い方をすれば、父親に瓜二つだ）

蘇生

さあ、笑えますか？

Bryan 氏のお葬式でのことです。棺を担いで教会を出るとき、柱にぶつけてしまいました。すると、棺の中からうめき声が聞こえてくるではありませんか！ Bryan 氏は生き返ったのです！！

つづきは英語で

God be praised! He lived for ten more years before he finally died. Another funeral was held for him and, as the pallbearers were carrying out the casket, Mrs. Bryan said, "Watch out the pillar!"

訳と語句

神のご加護のありがたきことよ！ 彼はさらに10年も長生きして、やっと死にました。2回目の葬式が行われ、担ぎ手たちが棺を担ぎ出していたとき、Bryan夫人が言いました。「柱に気をつけて！」

God be praised! = Praise be to God! 神をたたえよ；ありがたや
pallbearer 棺を担ぐ人
casket 棺
watch out ～に気をつける

笑いのツボ

こういう毒の利いたジョークは、ひとひねりして読む必要があります。「この前ぶつかったから、今度は用心して！」と訳すのは、ほんの表面上の意味。
「前回はそれで生き返ったもんだから、おかげでさらに10年も苦労させられたわ。今度も余計なことをして、せっかく死んだ亭主を生き返らせないで」というのが夫人の本音。ここを読み取ってはじめて、"Watch out the pillar!"のひと言がぐっと生きてきますね。

ちょっとウンチク

pallbearerはcasket（棺）をhearse（霊柩車）まで肩に担いで運ぶ人。pallは棺を覆うビロードの棺衣で、bearerは「運搬人」。
普通、pallbearerは6人の男性からなり、故人と最も親しかっ

た肉親、友人が務めます。映画のシーンでおなじみだと思いますが、礼服を着用し、一歩一歩ゆっくりと、荘重に歩きます。

昔の片田舎では、霊柩車が乗り入れられない長い道を、教会から墓場まで、重い棺をゆっくり運ぶのは大変だったそうです。

ボキャビル広場

The alarm went off when the light went off. は、「電気が消えると、警報が鳴り始めた」という意味です。妙なのは、go off は一方では start の意味になり、他方では stop という正反対の意味になっています。

同じ単語でありながら反対の意味を持つものを、contronym（コントロニム）といいます。例をいくつか挙げてみましょう。

fast の副詞用法には、moving quickly（すばやく動く）と not moving（じっとして動かない）の相反する意味があります。

例 He is running fast.（彼は速く走っている）
　　This handle is stuck fast.
　　（この取っ手はしっかり固定されている）

sanction も、permit（許可）になったり penalty（罰）になったりします。

例 He obtained the sanction from the proper authorities.
　　（彼はその筋の許可を得た）
　　The law provides for sanctions against offenders.
　　（法律は違反者に罰則を科す）

夫の涙

さあ、笑えますか？

金婚式の記念ディナーの帰り、夫の目に光るものを見た妻は、50年の幸せな生活を振り返った感動の涙かと無邪気に聞いたのですが・・・

つづきは英語で

"No," he replies, "I was thinking about the time before we got married. Your father threatened me with a shotgun and said he'd have me thrown in jail for 50 years if I didn't marry you. Tomorrow I would've been a free man!"

家庭口論

訳と語句

「そうじゃないんだ」と彼は答えます。「結婚前のことを思い出してね。あのとき、キミの親父は散弾銃で私を脅し、結婚しないなら私を刑務所に50年間ぶち込ませる、と言ったんだ。《そうしてもらっていたら》明日は晴れて自由の身になっていたのにと思うと・・・」

threatened me with a shotgun　私を散弾銃で脅した
have me thrown in jail　私を刑務所にぶち込ませる
would've been　〜になっていたのに　※文法でいう「仮定法」で、過去に反対の事をしていたら「こうなったろうに」という結果を表す。

笑いのツボ

　夫と妻の思惑のすれ違いはしばしばジョークの種になります。女性が強くなった今、夫を悲劇の主に仕立て、加害者である女性の鈍感さを男性の視点からちょっと皮肉ることで、夫族は鬱憤を晴らしているようですね。
「あのときキミの親父に反抗して刑務所にぶち込んでもらっていたら、せめて明日からは自由の身になれたのに」と言われては、妻もたまったものではありません。

　threatened me with a shotgun とありますが、ここから連想されるのが "shotgun wedding [marriage]" という言葉です。これは、娘を妊娠させられた父親が「うちの娘と結婚して責任を取らないと、撃ち殺すぞ」と相手の男のところにショットガンを持って怒鳴り込むことから生まれた表現です。今でいう「できちゃった婚」のことですね。

💬 ちょっとウンチク

　銀婚式（25年）、金婚式（50年）、ダイヤモンド婚式（75年）というのは日本でもよく知られていますが、それぞれが宝石業界の商魂と結びついた呼称なんですね。25年の wedding anniversary には銀製品を、50周年には金製品を、そして75年目にはダイヤモンドを記念に奨めたわけです。

　この他、30周年の pearl（真珠）、35周年の coral（珊瑚）、40周年の ruby（ルビー）、45周年の sapphire（サファイア）、55周年の emerald（エメラルド）と一応節目があるようです。

　なお、寿命的に75周年というのはきわめて珍しいことですよね。1897年に英ビクトリア女王の治世60年を記念したお祝いにちなんで、結婚60周年にダイヤモンドを贈って祝うのがはやったため、めったにない結婚75周年には double diamond（ダイヤ2個分）を贈るようになったという説もあります。

🌲 ボキャビル広場

　再度、同じ単語で反対の意味をもつ contronym の例です。

rent

　rent a house from *someone*（誰かから家を借りる）と、rent a house to *someone*（誰かに家を貸す）と、正反対の使い方があります。

cleave

　cleave には、cling（くっつく）という意味と separate *or* divide（分離する）の意味があります。

・His tongue cleaved to the root of his mouth.
　（彼の舌は口の奥にくっついた）
・A blow of the whale's tail cleaved our boat in two.
　（鯨の尾のひと振りで、私たちのボートは真っ二つになった）

screen

　screenには、display（見せる）とhide（隠す）の意味があります。
・This film is now being screened at main theaters.
　（この映画は主な劇場で上映中です）
・Great exertions were made to screen him from justice.
　（彼を裁判の場に出さないように、大変な努力が払われた）

oversight

　oversightには、failure to notice（見落とし）とwatchful care（監視）という意味があります。
・By an oversight, the kitten got no support last night.
　（うっかりして、昨夜は誰もその子猫の世話をしなかった）
・They were under their teacher's oversight.
　（彼らは教員の監視下にあった）

　このように、ひとつの単語が相反する意味をもっている場合、どちらの意味で使われているかを見極めるには、内容、前後関係をしっかりとらえる必要があります。

ところで、俗語というものは反語的に使われるケースが多く、やはり contronym の例に事欠きません。一例だけ挙げましょう。
　biddy には「めんどり (hen)」と「ひな鳥」の意味があります。これが女性を指す俗語で使われる場合は、「ガミガミばあさん」と「若くて魅力的な女性」という、まったく相反する意味で使われます。
　どちらの意味で使っているかを区別するために、前者の場合は old を付けたり、後者には young や hot（イカす）などを付けたりする場合があります。

面白い地名

市町村合併に揺れた日本では、新市の名前にどこも苦労しました。荒野に町づくりをしていったアメリカの開拓者たちも、町の名前に知恵を絞りました。母国の町の名前、原住民から借りた名前などさまざまですが、ここでは個人の名前の綴り字をひっくり返して作った町名の例を挙げてみます。「上から読んでも下から読んでも山本山」のようにはいかず、さりとてそれなりに発音しやすいものでなければなりませんから、開拓者たちは頭を痛めたのです。

オクラホマ州で、米西戦争の英雄 Thomas Dewey 提督を出身地の地名に残したいと住民たちは願いましたが、すでに州内には Dewey という町が存在したので、「それならいっそ」と、スペルを逆にして、Yewed としました。

Corum 兄弟は南カリフォルニアの湖のほとりに開拓地を造成し、ここを名前の逆スペル Muroc と名づけました。現在の有名な Edward Air Force Base（エドワード空軍基地）のそばです。

メリーランド州とインディアナ州に Pekin という町があります。手紙の宛名は手書きが多かったので、Md（メリーランド）と Ind（インディアナ）の見分けがつかないものもあり、よく誤配が起こりました。そこで郵政公社はメリーランド州の方の Pekin を逆スペルの Nikep とするよう指導しましたが、住民の多くは Pekin に固執し、

駅名も Pekin がそのまま残りました。そうこうするうちに、手書きの郵便も減り、いつの間にかうやむやになりました。
　こうした、有名人の名前をひっくり返した地名が、アメリカ、カナダには何十とあるようです。

商魂に脱帽！
Money Money Money

**潰れないのは
さおだけ屋だけにあらず**

本物のビールとは

さあ、笑えますか？

大手ビール会社の社長たちが、ロンドンの「ビール祭り」の後、パブに集合。「さて、世界一のビール、コロナといくか」とコロナ社の社長。

「なら、ビールの王者バドワイザーを注文するか」とバドワイザーの社長。次いでクアーズの社長は「では、私はロッキー山脈の清水で作られる唯一のビール、クアーズにしよう」と、各自、自社製品の自慢に余念がありません。ところが・・・

つづきは英語で

The guy from Guinness says, "Give me a Coke."
The bartender is a little taken aback, but gives him what he ordered.
The other brewery presidents look over at him and ask, "Why aren't you drinking a Guinness?"
The Guinness president replies, "Well, I figured if you guys aren't drinking beer, neither would I."

商魂に脱帽！

訳と語句

ギネス社の社長は「コークをくれ」と言います。バーテンダーはちょっとたじろぎますが、注文どおりに出します。
ほかのビール会社の社長たちは彼の方を見やり、「何でギネスを飲まないの？」と聞きます。
そこでギネス社長の答え。「いやあ、皆さん方がビールを飲んでいらっしゃらないようなので、私もビールを飲むのはよそうと思ったまでで」

be taken aback　　たじろぐ、まごつく
brewery president　　ビール会社の社長　　　figure　～と判断する
neither would I　＝ I wouldn't (drink beer), either　私もビールは飲まないよ

笑いのツボ

　それぞれが自社製のビールを得意気に注文したのですが、ギネスの社長から見れば、そんなものは「とてもビールと呼べる代物ではない」という痛烈な皮肉です。

ちょっとウンチク

　ビールをこよなく愛する英国では、Beer Festival（ビール祭り）が各地で行われます。主催するのは CAMRA（Campaign for Real Ale「本物のビール」キャンペーン）で、各種伝統的なビールの他に、stout（黒ビール）、porter（黒ビール）、scrumpy（りんご酒）、perry（発泡洋梨ワイン）などの地ビールや関連グッズを販売宣伝しています。

さらに、優良パブの推奨、会報の発行まで大々的に行っています。これがなかなかの人気で、ボランティアで参加するためには、まず会員になることが条件となります。

談話室

アメリカ語法とイギリス語法

最近の英語はイギリス語法（Briticism）がアメリカ英語（Americanism）にかなり入り込んでいるのが特徴的だといわれています。例えば、商品に表記されている sell-by date（賞味期限）は、イギリス英語が元です。アメリカ英語では pull date, expiration date が普通でした。

「前段階、準備段階」を意味する run-up も英国が発祥。「行方不明になる」を意味する go missing もそうです。通信簿などで満点、最大の賞賛を意味するイギリス英語の full marks もアメリカで使われはじめているといいます。

その他、《米》stand in line（行列をつくる）の代わりに《英》queue up、《米》fired（クビになった）に代わって《英》sacked がメディアでも多用されはじめています。

情報が国境を越えて飛び交うなか、イギリス英語と米語の相互影響はますます進むことでしょう。

ジャック・バウアーもハダシで逃げ出す

さあ、笑えますか？

ある大統領が、FBI（米連邦捜査局）、CIA（中央情報局）、NYPD（ニューヨーク市警察）のうちで最も優れているのはどこか決めようと、一計を案じました。その方法とは、ウサギを1匹森に放ち、それを捕らえてこいというものでした。

つづきは英語で

The FBI goes in. They place animal informants throughout the forest. They place hidden microphones on all of the trees and motion detectors behind each rock. After three months of extensive investigations, they conclude the rabbit does not exist.

The CIA goes in. After two weeks with no leads, they burn the forest, killing everything in it, including the rabbit, and they make no apologies — the rabbit had it coming.

The NYPD goes in. A mere two hours later they come out leading a badly beaten bear by the ear. The bear is yelling: "Okay, okay, I'm a rabbit, I'm a rabbit."

訳と語句

FBI が森の中へ。森じゅうに動物のタレコミ屋を配置し、木にはすべて隠しマイクを仕掛け、岩陰という岩陰に動体探知器を設置します。3カ月のあいだ徹底的に捜査して、ウサギは存在しないと結論を出します。

次いで CIA。手がかりがないまま 2 週間が過ぎると、森を焼き払い、ウサギもろとも皆殺しにしてしまいます。謝罪は一切なしで、ウサギが悪いのだと言います。

最後は NYPD。ほんの 2 時間もすると、叩きのめしたクマの耳を引っ張って戻ってきます。クマは大声で叫んでいます。「分かった、分かったよ。オレはウサギだ、オレはウサギだよ」

informant 情報提供者、インフォーマント、タレコミ屋
motion detector 動体探知器
extensive 大規模な、広範囲におよぶ
with no leads 手がかりなく
the rabbit had it coming ウサギが悪い ※have it coming は「(罰などを) 受けて当然である」という意味。
mere ほんの、単なる
leading a badly beaten bear by the ear ひどく叩きのめしたクマの耳を引っ張って

笑いのツボ

さすが、いずれも音に聞こえた FBI、CIA、NYPD です。たかがウサギ 1 匹捕まえるのに、それぞれのお家芸を駆使しますが、

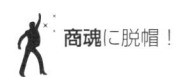

クマを拷問にかけてウサギだと"自白"させた NYPD こそ、最もスグレモノ機関でしょう。

普段の捜査で、いかにでっち上げが多いかという痛烈な皮肉でもあるのです。

💬 ちょっとウンチク

ニューヨーク市警といえば、*NYPD Blue* というテレビドラマが 12 年間米国で大ヒットを続けました。blue は制服の色から「警官」のことです。"Stop Crime. Back the Blue." という標語がありましたが、これは「犯罪を抑止せよ。警官を支援しよう」という意味です。

この番組が 1993 年の prime time（ゴールデンアワー）に放映された当初は、ヌードは見せるわ、暴力はものすごいわ、神を冒涜する言葉は連発するわで、非難の声が巻き起こりました。

しかし、刑事と被害者、凶悪犯罪者たちの繰り広げる奥深い人間ドラマが次第に聴視者をひきつけ、超人気ドラマにのし上がって、「TV 界のアカデミー賞」とされるエミー賞ノミネートの常連になりました。

こうして刑事ドラマの最高傑作のひとつとされながらも、さすがにマンネリになり、制作費も高騰しているところから、2005 年春にとうとう打ち切りになりました。

談話室

言葉はなかなか理屈どおりにいかない

相手に向かって "Crazy man!" と言えば、「気は確かかよ」という侮辱した表現になりますが、"Crazy, man!" とコンマが一つ入れば、「あんた、素晴らしいぞ!」というほめ言葉になります。

man と guy は同じような意味ですが、wise man と wise guy では反対の意味になります。wise man は文字通り「賢い男」ですが、wise guy は皮肉で「知ったかぶりをする男」「うぬぼれ屋」を指します。

sweetmeat は、meat（肉）には無関係で「砂糖菓子」、sweet bread は sweet（甘い）でも bread（パン）でもなく、食用になる「子牛・子羊のすい臓」です。

そういえば、boxing ring は土俵のような ring（丸い輪）ではなく、square（正方形）ですね。また guinea pig（モルモット）は Guinea（ギニア）産でもなければ pig（豚）でもありません。

「言葉には理屈抜きに覚えるしかないものもある」ということでしょう。

弁護士は長生き？

さあ、笑えますか？

弁護士の Nathan Birnbaum が死んで天国への入り口 Pearly Gates（真珠の門）に着きました。ここで聖ペテロの審査を受けるのですが、その前に生前の記録をチェックする天使による予備審査があります。

天使は「あなたは1028年も生きた記録保持者です」と祝福します。Birnbaum 弁護士は「そんなはずはない。私は58歳で死んだのです」と言い張ります。

つづきは英語で

"Something must be wrong," said the Recording Angel. "Let me study the book." He did so and suddenly clapped his hand to his forehead. "Ah, I see where we made our mistake. We added up the hours you charged your clients."

訳と語句

「何か間違っているにちがいない。記録簿を調べてみましょう」と記録係の天使は言いました。調べてみて、天使は自分のおでこを片手でピシャリとたたきました。「ああ、分かりましたよ、どこで間違ったか。当方は、あなたが依頼人に請求した時間を全部足してしまったのです」

the Recording Angel　記録天使（人の善行・悪行を記録する）
clap his hand to his forehead　手で自分のおでこをぴしゃりと打つ
add up　加算する

笑いのツボ

　弁護士はがめついというのが米国では定説で、そのがめつさを笑いの種にするのがジョークの定番です。
　ふつう、弁護士は時間当たりで弁護士報酬を請求します。ここでは、顧客に水増し請求した分まで合計すると、とんでもない時間数になり、千年以上も生きたことになるという痛烈な皮肉です。

ちょっとウンチク

　Birnbaum という姓からすると、この弁護士はユダヤ人でしょう。米国のユダヤ人には医者、弁護士、ジャーナリスト、テレビ・映画関係者などが多いことはよく知られていますが、ユダヤ人差別を逆手にとって自分たちを茶化すのも、ユダヤ人は得意です。このジョークも実はユダヤ人の作です。

商魂に脱帽！

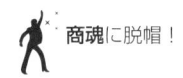

ボキャビル広場

英語には、同じスペリングでも発音が違い意味も異なって使われる単語があります。次の例文で見てみましょう。

例1 The bandage was wound around the wound.
（傷の周りに包帯が巻かれた）
→はじめの wound [wáund] は wind（包む、巻く）の過去分詞。後の wound [wúːnd] は名詞（傷）。

例2 The farm was used to produce produce.
（その農場は農産物を作るのに使われた）
→最初の produce [prədjúːs] は動詞（産出する）で、アクセントは2番目に。次の produce [prádjuːs] は名詞（農産物）で、アクセントは1番目にあります。

例3 The dump was so full it had to refuse more refuse.
（ゴミ捨て場は一杯で、これ以上の廃棄物は受け入れられなかった）
→1番めの refuse [rifjúːz] は動詞（拒絶する）、2番めの refuse [réfjuːs] は名詞（廃棄物）。アクセントも発音もちがうので、ご注意。

例4 We must polish the Polish furniture.
（私たちはポーランド製の家具を磨かなくてはならない）
→小文字の polish は動詞（磨く）、発音は [páliʃ]。大文字の Polish は形容詞（ポーランドの）、発音は [póuliʃ]。

109

談話室
バンパー・ステッカー

　米国では、車のバンパーに、いろんな面白い文句のステッカーを貼っている人がよくいます。思わずニヤリ、という傑作に時々出くわしますが、次の例など、その傑作の一つでしょう。

Caution! I drive like you.
(ご用心! 私はあなたソックリの運転をします)

どこまで搾れる？

さあ、笑えますか？

あるバーに、レモン搾りの得意なバーテンダーがいました。彼の手にかかると、レモンは最後の一滴まで完全に搾り尽くされるのです。

「私が搾ったあと、一滴でも出れば、1000ドル進呈」と、挑戦者を大々的に募集しましたが、誰一人として成功しません。

ある日、やせた小男が現れ、か細い声で「挑戦させてくれ」と申し出ました。客たちはどっと笑い、バーテンダーが搾り切ったレモンを渡すと・・・

つづきは英語で

But the crowd's laughter turned to total silence as the man clenched his fist around the lemon and six drops fell into the glass.

As the crowd cheered, the bartender paid the $1,000, and asked the little man, "What do you do for a living? Are you a lumberjack, a weightlifter, what?" The man replied, "I'm an IRS agent."

訳と語句

しかし、その男がレモンを固く握り締め、グラスの中に6滴搾り落とすと、客たちの嘲笑は水を打ったような沈黙に変わりました。

客たちが喝采するなか、バーテンダーは千ドル払い、その小柄な男に尋ねました。「あなたの仕事は何かね。木こり、それともウエートリフティング選手か何かかね？」

男は答えました。「私は国税庁に勤めています」

turned to total silence 水を打ったように静まった
clench *one's* fist こぶしをしっかり握り締める
What do you do for a living? お仕事は何をされてますか？
lumberjack 木こり
IRS = Internal Revenue Service（国税庁）

笑いのツボ

日本語に「乾いた雑巾をさらに絞る」という表現があり、経営合理化の極致をいく某大企業などを表現するときに使われたりしますが、とことん搾ることにかけては、税務署も洋の東西を問わず、庶民にとって手ごわい相手です。

税務署員の手にかかれば、搾り切ったレモンでもまだ数滴は搾れます。つまり、「搾り取る」ことにかけては、税務署員の方がバーテンダーよりも数段上だったというわけです。ところで、当然この千ドルにも所得税はかかるのでしょうね。

ちょっとウンチク

Your car is a lemon. と言えば、「あなたの車は欠陥品」という意味です。この場合の lemon は「すっぱい味」からの連想で「欠陥品」という意味が出来、20世紀初めにアメリカ英語に登場しました。車が欠陥品で保証期間内であれば、返金・交換などを保証する法律が "lemon law" です。

なお、lemonade（レモネード）はアメリカ英語、lemon squash（レモンスカッシュ）はイギリス英語です。

いちばん意味の多い英単語

　英語の単語で definition（語義）が最も多い単語は何でしょうか？ 答えは **set** です。自動詞あり、他動詞あり、名詞あり、形容詞あり、その意味もじつに多岐に渡り、イディオムも豊富です。辞書で確かめてみてください。

始めも終わりも und

　und で始まり、und で終わる唯一の英単語を知っていますか？
(答) underground です。

政治家をイジリ倒す
The Politicians

お笑い保証理事会推薦！

アイ・アム・総理

さあ、笑えますか？

日本の某総理（とくに名を秘す）が米国のクリントン大統領（当時）と会うことになりました。「滑り出しくらいは英語で話して、雰囲気を盛り上げては」という外務省側の配慮で、英会話のにわか特訓を受けることになったのです。握手する時まず大統領に "How are you?" と切り出せば、相手はたぶん "Fine. And you?" と返してくるから、その時は "Me, too." と答えるようにと、外務官僚が懇切丁寧にレッスンしました。「分かった、分かった。それくらいオレにだってできる」と簡単に答えた総理でしたが・・・

つづきは英語で

When the prime minister met Clinton, he mistakenly said, "Who are you?"

Mr. Clinton was a bit shocked but still managed to react with humor: "Well, I am Hilary's husband, ha ha ha..."

Then the prime minister replied confidently, "Me, too, ha ha ha..."

Then there was a long silent moment in the meeting room.

政治家をイジリ倒す

訳と語句

クリントン氏に会うと、総理は間違えて「あんたは誰？」と言ってしまいました。
クリントン氏はちょっとショックを受けましたが、そこは何とかユーモアで応じることができました。「いやあ、私はヒラリーの夫ですよ、ハ、ハ、ハ」。次いで総理は自信たっぷりに答えます。「私もですよ、ハ、ハ、ハ」。
すると、会見室には長い静寂が訪れました。

mistakenly 間違って　　*be* **a bit shocked** 少々ショックを受けた
still managed to react with humor それでも何とかユーモアで切り抜けた
confidently 自信たっぷりに

笑いのツボ

How are you? を Who are you? と言い間違えた総理。後は教えられたとおり答えたから、とんだ英会話になってしまったのです。
「あなたは誰ですか？」と正面から聞かれたクリントン氏は、思わずぐっと詰まりました。「(かの有名な) ヒラリーの夫ですよ」と、かろうじてユーモアで切り返したのですが、わが首相は「私もそうなんですよ」と、さらなる高度なユーモア（？）で応じたから、ややこしくなりました。
ヒラリー夫人は、当時から夫をはるかにしのぐ賢夫人として有名で、現在上院議員を務め、2008年大統領選の有力候補です。

💬 ちょっとウンチク

　歴代総理で通訳なしに英会話ができたのは宮沢喜一氏くらいで、あとはチョボチョボ。中にはパフォーマンスでごまかし、テレビ画面ではさぞ滑らかに英語をしゃべっているかのように見せるのが得意な総理もいました。

　日本には西欧古典などに教養の浅い政治家が多いので、会談でギリシャ神話などがさりげなく挿入されたりすると、それを通訳するには苦労すると、経験者から聞いたことがあります。

　この某総理のジョークは、インターネットで世界中にひとときのお笑いを提供し、はからずも日本の指導者の英語レベルを見事に示した次第です。

🗻 ボキャビル広場

　まず、次の語句をどう訳しますか？

a school of little fish

a pride of lions

a murder of crows

a gang of buffaloes

　もし「めだかの学校」「ライオンの誇り」「カラスの殺害」「野牛のギャング」などと訳したら、全部ペケ。

「小魚の群れ」

「ライオンの群れ」

「カラスの群れ」

「野牛の群れ」

が答えです。

　英語には動物や魚、鳥など、種類によって「群れ」を表す表

現が決まっていて、日本語にない複雑さを示します。他には、
a band of gorillas（ゴリラの群れ）
a colony of ants（蟻の群れ）
a pack of wolves（オオカミの群れ）
a pod of whales（鯨の群れ）
a school of dolphins（イルカの群れ）
といった具合です。

　一方、個体の場合は、英語ではすべて、one, two, three, ... ですむのに、日本語は虫が1匹、2匹、大きい動物は1頭、2頭、鳥やウサギは1羽、2羽、紙なら1枚、2枚と、数え方が複雑なのが外国人に戸惑いを与えます。でも、群れの場合は、ややこしいのは英語の方ですよね。

民主主義人民共和国

さあ、笑えますか？

絶対的な支配者が人民を苦しめている独裁国家を想像しながら読んでください。絶えず人民は、支配者の英知を讃えるよう強要されています。

つづきは英語で

A citizen was condemned to 15 years of prison for having called the ruler an idiot. A foreign correspondent asked why the verdict was so severe; usually the sentence for personal insults was no more than one year.

"He was not condemned for insults. He was convicted for revealing a state secret."

政治家をイジリ倒す

訳と語句

ある市民が支配者をバカ呼ばわりしたために、懲役15年を言い渡されました。判決がなぜそんなに厳しいのか、外国の特派員が聞きました。個人を侮辱したことに対する刑は通常1年以下なのです。

「彼は侮辱罪で罰せられたのではありませんよ。国家機密漏えい罪なのです」

be condemned to 15 years of prison　懲役15年を言い渡される
call the ruler an idiot　支配者をバカと呼ぶ
correspondent　特派員、記者　　verdict　評決
sentence　判決
personal insult　個人を侮辱すること、人身攻撃
no more than one year　1年以下
be convicted for　〜で有罪になる　　reveal　口外する、漏らす
state　国家

笑いのツボ

　誰もが讃えるような賢明な指導者だったら名誉毀損が成立するかもしれませんが、市民の言うとおり本当に「バカ」だったら、それこそ国家機密だという痛烈な皮肉です。

ちょっとウンチク

　idiotは差別語の一種であるとして、profound mental retardation（重度精神遅滞）などと言い換えられることもありま

す。
　しかし idiot は日常語では
You are stupid.（お前はバカだ）
I don't like you.（お前なんか嫌いだ）
What a mistake that was!（なんていうヘマだ）
といった軽い侮蔑のニュアンスでよく使われます。
　idiot はギリシャ語由来で、「民主政府などの公的活動への参加を拒む者」の意味でした。古代ギリシャの民主主義下では、公益に奉仕しないような人間は軽蔑に値したのです。
　また、現在の俗語では idiot box は「テレビ」を、idiot savant は「ある分野だけに傑出している専門バカ」を指します。

生保年齢

　年齢の数え方には age last と age nearest の2種類があります。age last は actual age あるいは current age とも言われ、誕生日を境に加齢します。満年齢ですね。

　一方、age nearest は誕生日から半年過ぎると、次の年齢に近づくので、round up（切り上げ）されるのです。もし1月1日が誕生日だとすると、7月1日から1歳切り上げられる、一種の四捨五入方式です。生命保険などでは加入条件に関係しますので、加入している保険会社がどちらの方式を採用しているか、知っておくことが大切です。

　なお、agelast と一語にすれば「決して笑わない人」を指します。ギリシャ語の agelastos（= not laughing）からきた言葉ですが、めったに使われません。

好感度調査実施

さあ、笑えますか？

やはり某独裁国の将軍様にまつわるジョークです。恐怖政治を敷いていますが、内心、いつ革命が起きるか不安なのは独裁者に共通の心理。そこで、変装してこっそり民情視察に出かけました。とあるバーに入ると、将軍様は隣りの席の男に「今の将軍様は好きか？」と聞きました。男は「シーッ」と指を口に当て、バーの外に将軍様を連れ出しました。

つづきは英語で

There the general repeated his question and the man said, "Shh! Let's go to the middle of the square where nobody can hear us."

In the middle of the square, after making sure that no one could listen, the man whispered into the ear of the general. "I like him!"

政治家をイジリ倒す

訳と語句

将軍様が質問を繰り返すと、男は「シーッ！広場の真ん中まで行きましょう。あそこだと、誰にも聞かれませんから」と言いました。

広場の真ん中で、誰にも聞かれないことを確かめると、男は将軍の耳元にこうささやきました。「私は将軍様が好きなのです」

Shh! シーッ！　**nobody can hear us** 誰にも聞かれない
whisper into the ear 耳元でささやく

笑いのツボ

この男が「聞かれてはまずい」と気にしていたのは、当局ではなく、一般人民の耳でした。「将軍様が好きだ」と自分の気持ちを述べるには、これだけの用心が必要だったのです。要するに、将軍様は人民の間で圧倒的に不人気だったのですね。

ちょっとウンチク

「世界で最初の共産主義者は誰だったか？」というジョークがあります。

答えは「アダムとイブ」。そのココロは「着るものもなく裸で、ほとんどの欲望を禁じられていたのに、自分たちは天国に住んでいると信じ込まされていた」というものです。どこかの国を思い浮かべると、この痛烈な皮肉がよく利いていますね。

談話室

トマト、新聞紙、etc.

「上から読んでも山本山、下から読んでも山本山」ではありませんが、「竹薮焼けた（たけやぶやけた）」のように、前から読んでも後ろから読んでも同じ語や文章になるものを、英語では palindrome（回文）といいます。

簡単なものでは、

dad（父ちゃん）

mom（母ちゃん）

peep（のぞく）

radar（レーダー）

racecar（レーシングカー）

などの単語があり、文になると、

Madam, I'm Adam.（奥様、私はアダムです）

Boston, O do not sob.（ボストンよ、めそめそするな）

Was it Eliot's toilet I saw?

（私が目にしたのはエリオットのトイレでしたか？）

など、たくさんあります。

とくに傑作なのは、

A man, a plan, a canal...Panama.

（人あり、計画あり、運河が出来た・・・パナマ）

でしょう。

palindrome は、前から読んでも後ろから読んでも文字の順序が同じものですが、単語の順序が同じというものもあります。これは pseudo palindrome（擬似回文）

とも呼ぶべきものです。例えば、

You can cage a swallow, can't you, but you can't swallow a cage, can you?

があります。この文には cage が2回出てきますが、最初の cage は動詞で「籠に入れる」、後ろの cage は名詞で「籠」。swallow も2回登場しますが、最初のは名詞で「ツバメ」、次が動詞で「飲み込む」です。

訳：あなたはツバメを籠に入れることはできます、よね？ でも籠を飲み込むことはできません、よね？

鳥インフルエンザ

さあ、笑えますか？

米国でウケた「ひと口ジョーク」です。

In an attempt to thwart the spread of bird flu, George W. Bush just ordered the bombing of the Canary Islands.

政治家をイジリ倒す

訳と語句

鳥インフルエンザ蔓延の阻止策として、ジョージ・W・ブッシュ大統領はカナリア諸島の空爆を命じたところです。

in an attempt to *do*　〜しようとして
thwart　阻止する　　**bird flu**　鳥インフルエンザ
the Canary Islands　（スペイン領）カナリア諸島

笑いのツボ

　反ブッシュ陣営からすれば、イラク戦争から分かるように、大統領はすぐ軍事力にものを言わせる好戦的政治家と見られています。「何、鳥インフルエンザの流行だって？　ならカナリア諸島をすぐ空爆せよ」と命じたというお笑い。もちろん、「カナリア＝鳥」という単純すぎる発想です。

ちょっとウンチク

　Canary Islands はモロッコ沖大西洋に位置する火山群島で、日本の遠洋漁業基地もあります。ブッシュ大統領ならずとも、Canary は「カナリア」からきたと思いがちですが、語源はまったく鳥とは無縁。ラテン語の Insularia Canaria（= Island of the Dogs）が転じたらしく、いちばん大きな Gran Canaria 島の呼び名だったものが、群島全体に及んだといいます。
　この島にはその昔、巨大で獰猛な固有種のイヌが住んでいて、上陸した古代ローマ人などはさんざん襲われ、咬み殺されたといいます。

談話室

テーラー

　洋服仕立ての用語に、bespoke があります。「注文仕立」のことです。from the earliest fitting stage to the final（最初の生地選びの段階から仕上げまで）客の要望、好みに合わせて手作りで仕上げることです。

　bespoke は本来、動詞の bespeak（あつらえる）の過去分詞形で、bespoke tailor（仕立屋）、bespoke dress（仕立服）などと使います。「仕立て屋にいろいろと聞かれながら注文する」というニュアンスがその起こりでしょう。

　よく made-to-measure と混同されますが、こちらは日本語でいう「イージーオーダー」で、基本パターンが既に決まっているものです。吊しの既製服は ready-made あるいは off-the-peg suit などといいます。peg は「掛け釘」ですね。

　関連して、*be* spoken for（予約されている）というイディオムがあります。

例 Is that table for two in the corner spoken for?
　　（隅のあの2人用のテーブルは予約済みなの？）

朝日出版社『E-DIC』より引用

ブッシュ脳の恐怖

さあ、笑えますか？

ジョージ・ブッシュは脳スキャン検査の結果を聞くために医者に行きました。

The doctor said: "Mr. President, I have some bad news for you. First, we have discovered that your brain has two sides: the left side and the right side."

Bush interrupted, "Well, that's normal, isn't it? I thought everybody had two sides to their brain?"

The doctor replied, "That's true, Mr. President. But your brain is very unusual because on the left side there isn't anything right, while on the right side there isn't anything left."

訳と語句

「大統領閣下、ちょっと悪い知らせです。まず、閣下の脳には２つの部分があります。左脳と右脳です」と医者。

「そりゃ正常だろう？」とブッシュがさえぎります。「誰だって、脳には２つの部分があるんじゃないのか？」

これに対し医者は答えます。「大統領閣下、それはその通りですが、閣下の脳は普通じゃないんです。何しろ、左脳にまともなものは何もなく、右脳は空っぽなのですから」

brain has two sides　脳には２つの部分がある
there isn't anything right　まともなものは何もない
there isn't anything left　何も残っていない

笑いのツボ

rightには「右」の他に「正しい、まともな」という形容詞の意味があります。leftも同様に、「左」の他にleaveの過去分詞で「残された」の意味があります。pun（語呂遊び）で、この２つの単語の意味を使い分けながら、大統領の「間抜けぶり」をパロディにしているのです。

ちょっとウンチク

ユーモアの本場イギリスでは、王室ですら徹底的な「笑いの対象」になりますが、米国では大統領もその妻も閣僚たちも、絶えず欠点を誇張され、皮肉られ、オチョクられます。

人の上に立つ者は大衆にささやかな笑いを提供するのが常で、

それはnoblesse oblige（高い身分に伴う義務）みたいなものだと割り切るしかないのです。日本はその点、支配者にとっては都合の良い国らしく、政治家も高級官僚も仮面を引き剥がされることはめったになく、わが世の春が続いています。

　ジョーク好きな米国でもネタになりやすい人とそうでない人がいますが、ブッシュはコケにしやすいという点では、近年まれに見る大統領です。ハチャメチャな発言を集めたBushism（ブッシュ語録）という言葉もすっかり定着しました。

　ペンシルベニア州のLovenstein Institute of Scrantonという研究所が、第二次大戦以降の歴代大統領のIQ（intelligence quotient 知能指数）を比較していますが、それによると、ブッシュ現大統領は、トップのクリントン前大統領の182に比べ半分の91と最低です（常人は100）。日本でもこんなことをまじめに研究する機関があれば面白いのですが。

　本書ではBushをネタに、「属国」民の憂さを晴らしてしまいました。

ボキャビル広場

　イディオムというのは英語学習者にとって厄介きわまりないものです。イディオムは、構成する主要語から意味を推測できる場合もありますが、とんでもない意味に発展しているものも結構あります。

　takeに着目しましょう。英語で最も広範囲に使われる語で、関連するイディオムだけでも50は下りません。次の例文を見て意味が分かりますか？

He's taking you for a ride. Why did you lend him $100? You'll never get it back.

take *someone* for a ride というのは、もともと「車で連れ出す」ですが、現在は「だます」という意味で使われます。したがって、例文の意味は「彼はあんたをペテンにかけようとしてるんだ。なぜ 100 ドル貸したんだい。戻ってこないぜ」となります。

談話室

「バックシャン」世界進出

The Meaning of Tingo（ティンゴの意味）というタイトルの本が英国で話題になっています。世界 140 カ国語から集めた面白い言葉を解説したものです。同書によると、父親を呼ぶ papa という単語は、世界の 70% の言語に共通するそうです。

日本語の「バックシャン」という言葉も紹介されています。若い年代の人にはもう死語でしょうが、英語の back ＋ドイツ語の shön（＝ beautiful）の合成語で、後ろから見ると「どんな美人か」と胸をときめかせてくれる女性に使います。逆にいうと、改めて前から見ると「とてもブス」で、期待が一転失望に変わるという皮肉な意味になりますが、「外国から巧みに借りてきて独自のものを作り出すという、日本人の天賦の才が言語面で現れたもの」と解説されています。

ところ変われば
So Many Customs

知らない街を
歩いてみたい

アーミッシュ、街へ行く

さあ、笑えますか？

アーミッシュの親子が町のショッピング街に初めて出かけました。見るもの聞くものすべてが驚きで、なかでもビルのエレベーターには息を呑みます。「父ちゃん、これはいったい何だ？」と聞く息子に、「さっぱり分からん」と答える父親。

ちょうどそこに、すごく太った中年の婦人がやってきて、エレベーターに乗り込みました。ドアが閉まり、階を示すランプが次々と変わっていきます。やがて数字が逆の順番になるのを真剣に見つめる二人。エレベーターは1階に戻ってきました。

つづきは英語で

Finally the door opened again and a gorgeous, voluptuous blonde woman stepped out. Without taking his eyes off the young woman, the father said quietly: "Son, go get your mother."

📝 訳と語句

ついにドアがまた開いた。すると、ゴージャスでなまめかしいブロンド女性が出てきた。その若い女性に目を釘付けにしたまま、父親はそっと言った。「息子よ、さあ、おっ母さんを連れてくるんだ」

voluptuous 色っぽい、なまめかしい
without taking *one's* eyes off ～から目を離さないで
go get = go and get 行って連れてくる

🎯 笑いのツボ

この親子にとっては、エレベーターは「魔法の箱」に見えたに違いありません。何しろ、乗るときは太っちょおばさんだったのに、降りてきたのは若いグラマー女性だったのですから。

そこで父親が「お母さんを連れてこい」と息子に命じたのは、妻にもエレベーターを見せてやろうというのではありません。妻がこの「箱」に乗れば、降りてきたグラマーな女性のように、すばらしく生まれ変わることを父親は期待したのです。

💬 ちょっとウンチク

アーミッシュ（Amish）は、18世紀にドイツなどからペンシルバニア州を中心に米中西部へ移住したプロテスタントのメノー派。厳しい戒律で近代文明を拒否し、農業を中心に独自の生活スタイルを持っています。言語も Pennsylvania Dutch と呼ばれる独特のものです。

アーミッシュが繁華街に出かけることはめったにありません

が、交通には自動車でなく馬車を使います。この親子も馬車で出かけたはずです。

談話室

なぞなぞ1

Q: What's the tallest building in the city?
A: The library, because it has the most stories.
問：市内で一番高い建物は？
答：図書館。そのココロは、いちばん多くの stories があるから

　story には「物語」と「階」の意味があり、ここでは両方に掛けています。

なぞなぞ2

Q: Why did the turtle cross the road?
A: To get to the shell station.
問：亀はなぜ道路を横断したのか？
答：shell station に行くため

　shell には「亀の甲ら」という意味と、「シェル (Shell) 石油」の意味があります。シェル石油のガソリンスタンドということですね。

いにしえのカリフォルニア

さあ、笑えますか？

1850年の今週、カリフォルニアで何が起きたかご存知ですか？

つづきは英語で

California became a state this week back in 1850. The State had no electricity. The State had no money. Almost everyone spoke Spanish. There were gun fights in the streets.

So, basically, it was just like California today except the women had real breasts and men didn't hold hands.

訳と語句

1850年の今週、カリフォルニアは州になりました。州には電気が通ってなく、おカネもありませんでした。ほとんどの人がスペイン語を話し、通りでは撃ち合いがありました。

だから基本的には、今日のカリフォルニアとそっくりでした。ただ違う点は、女性の胸は本物であり、男同士が手をつなぐことはなかったということです。

this week back in 1850 1850年の今週
real breasts （豊胸手術していない）本物の胸
hold hands 手をつなぐ

笑いのツボ

　カリフォルニア州が抱えている問題を知っているかどうかで、笑いに差が生じることでしょう。

　現在のカリフォルニアも電力不足、財政危機、治安の悪さは同じです。スペイン領からメキシコ領を経て米国州になったので、昔もスペイン語は必要でしたが、今またメキシコからの移民が増え、カリフォルニアのヒスパニック化は新たな社会問題になっています。このあたりは昔も今も状況は同じです。

　しかし今は、女性が胸にシリコンを入れて膨らませたり、ゲイパワーが盛んで、同性婚を認める法案が州議会で可決されたり、「いくらカリフォルニアとはいえ、昔はさすがにそれはなかった」と言っているわけです。

🗨️ ちょっとウンチク

ロサンゼルス市だけでGNPはオーストラリアのより大きく、州全体では世界で5番目に豊かな国並みのカリフォルニア。"Shop till you drop."(くたばるまで買い物をせよ)という消費万能の地で、la-la land(= lotus land 桃源郷)と呼ばれますが、州に関する形容詞も人によって様々です(la-la landのlaは、Los Angelesの頭文字です)。いわく、plastic(人工的な)、shallow(浅薄な)、brain-baked(麻薬漬けの頭の)、freaky(ヒッピー的な)などです。

ロサンゼルスは、「最も先端的で、宇宙の中心」と自負している点で東のニューヨークと張り合っています。たとえば、こんなNYの悪口をLAで聞いたことがあります。

New York is the only city in the world where you can get run down deliberately on the sidewalk by a pedestrian.
(ニューヨークは、歩道で歩行者にわざと踏み殺される、世界で唯一の街だ)

人間性では西の方が勝っていると信じているのでしょう。

🌲 ボキャビル広場

takeのイディオムの続きです。

● **take the biscuit**(反語的に)素晴らしい、最高だ

つまり、「最低だ」「ばかばかしい」「あきれる」「とんでもない」の意。

例 I didn't mind her borrowing my jeans, but stealing my underwear —well, that just about takes the biscuit!
（彼女が私のジーンズを借りるのはなんとも思わないけど、下着まで黙って持っていくとは、あきれるわよね）

● **take up** （趣味・活動など）を始める
例 She took up line dancing after her husband died.
（夫が亡くなってから、彼女はラインダンスを始めた）

● **take it on [upon]** *oneself* **to** *do*　〜することを（自分ひとりで）引き受ける
例 She has taken it upon herself to speak personally with their parents.（彼女は、自分ひとりで彼らの両親とじかに話してみることにした）

● **take to**　〜にのめりこむ、すぐ好きになる
例 He's taken to drinking heavily since his wife left him.
（彼は妻に去られてから深酒をするようになった）

ハリウッド・スキャンダル？

さあ、笑えますか？

カリフォルニアの人はパーティーが大好きです。そんなパーティー好きの人々の間に見られる傾向というのが・・・

つづきは英語で

The trend amongst many is to get married quickly, make a big show of the wedding, settle into matrimony for about eight months, and then bail out upon realizing you don't have the same EQ levels.

Actress Shelly Winters nicely summed it up when she mused: "All marriages are happy. It's trying to live together afterwards that causes all the problems."

Mickey Rooney, who married eight times, once remarked: "Always get married early in the morning. That way, if it doesn't work out, you haven't wasted a whole day."

訳と語句

急いで結婚して、盛大な披露宴をして、8カ月ばかり結婚生活をし、性格が合わないと分かったらすぐさま別れる、というのがトレンドです。

女優のシェリー・ウィンタースは、思いをめぐらし、このあたりのことを見事に言ってのけました。
「ハリウッドじゃ、結婚は全部ハッピーなの。そのあと一緒に生活しようとするからトラブルが起きるのよ」
注：シェリー・ウィンタースは結婚・離婚を繰り返した女優として有名

8回結婚したミッキー・ルーニーはかつてこんなふうに言いました。「結婚するなら朝早くに限るぜ。そうすりゃ、うまくいかなくても、まる一日ムダにすることはないからな」

amongst ＝ among
big show of wedding　盛大な披露宴
settle into matrimony　結婚生活に落ち着く
bail out　脱け出す、手を引く
have the same EQ levels　同じ感情指数を持つ → 気が合う
（EQ = Emotional Quotient）
sum it up　結論づける
muse　物思いにふける
work out　うまくいく

笑いのツボ

「ハリウッドの結婚はみんな幸せ」――そりゃそうでしょう、幸せな間しか結婚生活をしないのですから。俳優のミッキー・ルーニーに至っては、別れるのに一日も無駄にしないためには、朝早く結婚せよ、だって。まあ、日本でも「成田離婚」というのが流行ってるようですし。

ちょっとウンチク

Hollywood を日本で「聖林」と当て字にしたのは、holy（聖なる）とLが1つ多い holly（ヒイラギ）を混同したためらしいのです。フランスでもハリウッドを Bois Sacre（聖林）と紹介した人がいるといいますから、現在の映画産業の聖地化を考えると、非常に当を得た和訳だったのかも。

ヒイラギは本来カリフォルニアでは育たない種の木です。それがこの地名に使われたのは、1886年、この地に引っ越してきた不動産業者が、シカゴの友人の別荘の名前を拝借して「hollyの森」と名づけたのが正式の起こりといいます（宮本倫好著『英語・語源辞典』ちくま学芸文庫から）。

ボキャビル広場

take 関連のイディオムをどんどんいきましょう。

● **take it lying down** （非難などを）甘んじて受ける
　例　She's horrible to you all the time — don't just take it lying down!（彼女はきみにいつもつらく当たっているが、それを甘んじて受けるなんてよせよ！）

（注）通常、このイディオムは否定文で使われます。

● **take it on the chin** 苦難を覚悟する
　例　Her criticism was quite justified. He took it on the chin and apologized.（彼女の批判はまことに当然だった。彼はじっと耐え、謝罪した）

● **take *someone* to the cleaners**
　身ぐるみはがす、すっからかんにする
　例　They took me to the cleaners. I went into the casino with $100 and came out $1,000 in debt.
　（奴らに身ぐるみはがれた。カジノへは100ドル持っていったが、出てきたときは1,000ドルの借金をしょってた）

● **take it out on *someone***
　〜に怒りをぶちまける、うっぷんを晴らす
　例　I know you've had a bad day at work, but don't take it out on me.（職場で面白くないことがあったのは分かるが、おれに八つ当たりしないでくれ）

紳士はブロンドが、やっぱりお好き
Oh, Blonde!

> ブロンドネタは、確立されたジャンル

ブロンドはオツムが弱い

さあ、笑えますか？

ブロンド娘が泣き腫らした目で職場に来ました。心配した上司が聞くと、「母親が今朝亡くなったことを電話で知りました」という返事でした。

「仕事はいいから、もう帰りなさい」と上司が言うと、「いいえ、ここにいた方が悲しみがまぎれるから」と言い張るので、「じゃあ、何かあったら遠慮なく言いなさい」と上司はデスクに戻りました。

つづきは英語で

A few hours passed and the boss decided to check on the blonde.
He looked out over his office and saw the blonde crying hysterically.

He rushed out to her, and asked, "Are you going to be okay? Is there anything I can do to help?"
"No," replied the blonde, "I just got a call from my sister, and she said that her mother died too!"

紳士は**ブロンド**が、やっぱりお好き

訳と語句

数時間たって、上司はブロンド娘の様子を見ることにしました。オフィスを見渡すと、ブロンド娘がヒステリックに泣いているではありませんか。

上司は飛んで行って聞きました。「大丈夫？ 何かしてあげられることがあるかい？」
これに対し、ブロンド娘は答えました。「いいえ。ついさっき妹から電話があり、妹の母親も死んだって言うんです」

check on 〜の様子を見る
look out over 〜を見渡す
rush out to 〜のところへ飛んで行く

笑いのツボ

　自分の母親が死んだと知って泣き、今度は妹の母親が死んだと聞いてまた泣いた、というのですが、「妹の母親」ってのは、自分にとって一体何に当たるのでしょうか？

ちょっとウンチク

　英語のジョークには blonde という分野が確立しています。ブロンドは「オツムのちょっと弱い、性的にも自堕落な若い女性」の代名詞です。

　もともとは、他民族を中傷したエスニックジョークから派生したものとされます。金髪娘は外見は非常にきれいで、ある意味では別人種のような憧れの的ですが、その埋め合わせに、中

身の方はお寒いということにして、バランスをとったのだとしたら、嫉妬の産物といえなくもないでしょう。

とにかく、英語のジョークで blonde とくれば、この話の主人公のように、まことに他愛なくバカバカしい金髪女性が登場します。

談話室

1人でも we

"How are you?" は初級の中の初級の英語ですが、"How are we?" と聞かれたらどうするか。英語を理屈っぽく考える日本人はドギマギします。

この表現は、医者が患者に、あるいは先生が生徒に向かってよく使います。we で一体感を感じさせ、相手の緊張をほぐす効果を狙ったものといえます。意味は "How are you?" と同じようなもので、答えも "I'm fine, thank you." などでよいわけです。

英語では他に、君主が国民に向かって公式に述べる場合、I の代わりに we を使います。これは戦前、日本の天皇が自分を「朕(ちん)」と呼んだようなもので、royal we（君主の we）と言い、再帰代名詞は ourselves ではなく ourself が普通です。

例 We will look into the matter ourself more.
（余が自らこの事件をもっと調べよう）

裸の銃(ガン)を持つ女

さあ、笑えますか？

若いブロンド女性が、夫が浮気をしているのではないかと心を取り乱しています。そこで銃砲店に行き、拳銃を一丁買います。

つづきは英語で

The next day she comes home to find her husband in bed with a beautiful redhead. She grabs the gun and holds it to her own head. The husband jumps out of bed, begging and pleading with her not to shoot herself.

Hysterically, the blonde responds to the husband, "Shut up! You're next!"

訳と語句

翌日、帰宅すると、夫が赤毛の美女とベッドにいます。彼女は銃をつかみ、自分の頭に押し付けます。夫はベッドから飛び降り、自殺しないよう懇願します。

ブロンド女性は狂ったように夫に向かって答えます。「黙れ、次はあんたよ！」

redhead 赤毛の女 　　**grab** 〜をつかむ
begging and pleading お願いしたり頼んだり(した)
hysterically ヒステリックに、半狂乱で

笑いのツボ

普通の頭脳なら、相手を撃ち殺してから自分も死ぬという順番でしょう。ところがブロンドにかかると、これが逆になるのですから、たまらなくおかしいですね。

ちょっとウンチク

今回は夫の浮気相手に redhead (= red hair) が登場しました。赤毛はケルト系の特徴で、英国やアイルランドに多いとされます。ローマ人が最初に英国を征服したとき、背が高く赤い髪の毛を長く伸ばしていた女王に驚嘆した、という記述があります。

不思議なことに、この地域では、赤毛の猫、赤毛がかった牛が、赤毛の人間と同じ割合で住んでいるという研究があります。昔の赤毛の人たちが、自分たちの髪の色に似たペットや家畜を大事にするうちに増えたのではないか、と推定されています。

英女王エリザベス1世(1533-1603)は赤毛で、当時はその色

は好まれましたが、それ以後の赤毛は「醜い」という偏見を持たれ、学校ではよくいじめられたといいます。そのうえ、赤毛は性的に奔放だとして、redophile と呼ばれる赤毛大好きタイプの男性がいるといわれます。

生来の髪の色によって人間の属性を分類する文化は、日本人にはなじみが薄いものですね。

談話室

複数形の作り方2

複数形の作り方は、名詞の終わりに -s/-es を付けるという原則がありましたが、複合名詞の場合は少し厄介です。

例えば、court-marshal（軍法会議）の複数は courts-marshal ですが、brigadier-general（軍隊の准将）の複数は brigadier-generals です。

原則は、重要な方の名詞に -s/-es を付けるということですが、名詞でないものが合体して出来た次のような複合名詞の複数はどうでしょうか。

drive-in, play-off, has-been（過去の人）

答えは、drive-ins, play-offs, has-beens というふうに、語尾に -s/-es を付ければよいのです。

ブロンドの逆襲

さあ、笑えますか？

弁護士とブロンドが飛行機で隣り合わせになりました。隣りで眠入りかけているブロンドに、弁護士が「なぞなぞ遊び」をもちかけます。ブロンドが断り続けると、弁護士はこう言います。

「あなたに答えが分からなかったら罰金5ドル、私が分からなかったら50ドルでどう？」

「それなら」としぶしぶ申し出を受けたブロンドに、弁護士はさっそく「地球から月までの距離は？」と問います。ブロンドは黙って5ドルを出します。

次はブロンドの出題。「山に登るときは三本足で、降りるときは四本足のものなあに？」。弁護士はインターネットを駆使したり、物知りの友人に電話したり、あらゆる手段で解こうとしますが、分かりません。

そのうち、ブロンドは寝てしまいます。

つづきは英語で

After well over an hour, he awoke the blonde and handed her $50. The blonde politely took the $50, then turned away to go back to sleep.

The lawyer, who was more than a little miffed, tapped the blonde on the shoulder and asked, "Well, so what is the answer?"

Without a word, the blonde reached into her purse and handed the lawyer a five-dollar bill.

She went back to sleep.

訳と語句

ゆうに1時間以上たって、彼はブロンド娘を起こし、50ドルを渡しました。ブロンドはその50ドルを丁重に受け取り、向きを変えて眠りに戻りました。

弁護士はいささかムカッときて、ブロンド娘の肩をたたき尋ねます。「で、答えはなんなんだい？」

ブロンドは一言も口をきかず、財布に手を伸ばし、弁護士に5ドル札を1枚手渡しました。

そしてまた眠りに戻りました。

turn away 体の向きを変える
more than a little miffed 少々むかっ腹を立て
tap *someone* **on the shoulder** 〜の肩をたたく
bill 紙幣、お札

笑いのツボ

　弁護士は賢くて抜け目のない人種の代表。それとブロンドの組み合わせだから、読者は当然、弁護士にさんざんコケにされるブロンドを想像します。このジョークでも、弁護士はそれを期待して、わざと自分に不利な取引を持ちかけるのですが、何と間抜けのはずのブロンド娘にしてやられます。

　最後にブロンドが5ドル払ったのは、自分も答えが分からないから、ルールに従って5ドル払ったんですね。最初からできっこない問題を出して、差額をちゃっかり儲けたのですから、何

と賢いブロンドでしょう！

　ブロンドといえばちょっとおツムの弱い女性の代名詞だと、いくつかのジョークを紹介してきましたが、今回のブロンドはひと味違いました。

ちょっとウンチク

「山に登るときは三本足で、降りるときは四本足」というなぞなぞに、「スフィンクスの謎」を思い出した人は多いでしょう。「スフィンクスの謎」とは、ギリシャ神話で、路傍の岩の上の怪物が通行人に「朝は四本足、昼は二本足、夕方は三本足となり、足の多いときほど弱い動物は何か」と問い、答えられないと片っ端から殺したという言い伝えです。

　この謎を、Oedipus（オイディプス、エディプス）が「それは人間だ」と解くと、スフィンクスは自ら頭を岩にぶつけて死んだといいます。四本足はハイハイの幼児期、二本足は成人期、三本足は杖をついた老年期です。

　ちなみに、sphinx という語の起源は、ギリシャ語で「絞め殺す」を意味する動詞 sphiggo とされます。また、Oedipus はスフィンクスに象徴される古い宗教的慣習と新しいオリンピアの慣習の橋渡し的人物とされ、この話も奥が深いのです。

　ともあれ、わが愛すべきブロンドは、古今の教養を駆使してなお謎が解けずに苦悩する弁護士先生を尻目に、しっかり儲けて悠々と昼寝を続けるのでした。

談話室

そのパンダ、凶暴につき

　パンダがレストランに入って、サンドイッチを注文しました。食べ終わると銃を取り出し、店員を射殺して去ろうとします。頭にきた店長が「人殺しまでして食い逃げとはなんだ！」と怒鳴ります。するとパンダは、やおら傍らの辞書をめくり「パンダ」の項を示します。それにはこうありました。

Panda: A tree-dwelling mammal of Asian origin, characterized by distinct black and white coloring. Eats, shoots and leaves.

（パンダ：アジア原産で木に住む哺乳類。白黒の独特な色が特徴。食べて、撃って、去る）

　実は、この "Eats, shoots and leaves." の部分に小さな誤植がありました。誤植とは、余分なコンマがあったのです。本当は "Eats shoots and leaves." が正しかったのです。つまり、コンマがあると3語とも動詞で、レストランで起きたように「食べる、撃つ、去る」の意味になるのですが、"Eats shoots and leaves." では shoots も leaves も名詞で eats の目的語となり、意味は「（パンダは）新芽や葉っぱを食べる」という、ごくまっとうな説明になるのです。

　まさに「コンマ畏るべし」として、英語学習者に注意を促す有名な作り話です。

ものは考えようで
Change Your Mindset

頭の器械体操

魚釣りコスト考

さあ、笑えますか？

オルとスヴェンはカナダへ釣り旅行に出かけ、たった3匹しか釣れずに帰ってきます。

つづきは英語で

Sven says, "The way I figure it, Ole, each of the fish cost us $400." Ole says, "Well, at that price, it's a good thing we didn't catch any more of them than we did."

ものは**考えよう**で

📝 訳と語句

スヴェンいわく、「オルよ、考えてみれば、サカナ1匹、400ドルについたな」。これに対し、オルの答え。「そんなにするなら、あれ以上釣らなくてよかったよな」

the way I figure it　思い返してみるに（it は fishing trip）
at that price　その値段だとすると

笑いのツボ

　カネをかけた割には釣れなかったので、1匹あたりとても高くついたわけですが、その単価を固定して、それ以上釣れば釣るほど総コストが跳ね上がるという、思考のすり替えのバカバカしさを狙ったジョークです。

ちょっとウンチク

　魚といえば、肉食を拒否して魚しか食べない人のことを何と呼ぶのでしょうか。野菜しか食べない人を vegetarian（菜食主義者）と呼ぶのは有名ですが。

　ドンピシャリの言葉はありませんが、*Oxford English Dictionary* には demi-vegetarian という言葉が出ています。demi は「半分」「少量」という意味で、この場合、ニワトリなど家禽類は含まれる可能性があると説明されています。他に、pesco-vegetarian, pescatarian がたまに使われるといいます。しかし、口語的に簡単に言えば、non-meat-eater でよいわけです。

　単に fish-eater という言い方もありますが、米国ではこの言葉はまた、金曜日に肉食を禁じられ、代わりに魚肉を食べたカ

トリック教徒に対する侮蔑語として使われました。スシが世界を席巻した今となっては、死語ですが。

談話室

魚と人間

fish は普通、単数、複数が同じで、a fish, two fish, three fish, ... と数えますが、-es を付けて複数形にする場合もあります。

There are twelve fish in this aquarium, representing five fishes. という文をどう訳しますか？ 個々の魚は単数、複数同じ形ですが、魚の species（種または種類）を表す場合は、-es を付けて複数にするのです。すなわち、上の文は「この水槽には5種類、12匹の魚がいる」という意味になります。

people が「人々」という意味で、peoples がフランス人、イタリア人といった「国民」（の複数形）という意味になるのとよく似ていますね。その要領で上の文に people を使うと、There are twelve people in this classroom, representing five peoples.（この教室には5つの国の国民を代表する12人がいる）ということになります。

また、魚の群れを表す言い方に、school あるいは shoal があります。a school [shoal] of fish で「魚の群れ」。

娯楽施設

さあ、笑えますか？

mechanical engineer（機械技師）、electrical engineer（電気技師）、civil engineer（土木技師）の3人が、いずれの業種が優れているか自慢し合っていました。

「神は機械技師であったにちがいない。人体の関節の絶妙さを見ればわかる」と機械技師。

「いやいや、神は電気技師だったんだ。神経組織の微妙な点は電気の配線と同じで、まさに神業」と電気技師。

さて、3人目の土木技師は・・・

つづきは英語で

And the third says, "God had to be a civil engineer; who else would've run a waste disposal pipeline right through a great recreational area?"

訳と語句

3番目の技師が言います。「神は土木技師だったにちがいないよ。偉大なレクリエーション施設のど真ん中に下水道を通すなんてことが、他の誰ができるというんだね」

who else would've *done* 他の誰が〜なんてことをしようとしただろうか（would've = would have）

waste disposal pipeline 下水道

笑いのツボ

waste disposal pipeline と recreational area をどう読み解くかで、笑えるかどうかが決まります。人体の、それも下半身の事ですから、皆さんも容易に推測がつくと思いますが、比喩の絶妙さには脱帽ですね。

ちょっとウンチク

recreational area というのは、娯楽施設が集まっている地域のことですが、むかしは移動遊園地や巡業見世物があり、funfair あるいは carnival などと呼ばれました。

それが大規模なものになり、roller coaster（ジェットコースター）など、いろいろな乗り物の集合体の amusement park へと発展しました。最近は「宇宙」「未来」などをテーマに掲げることも多く、theme park（テーマパーク）などと呼ばれます。Disneyland, Universal Studio などが代表的で、空前のテーマパーク時代を迎えています。

ある人は、

"The only limit to future theme park ventures is one's imagination."（将来のテーマパーク事業について、限界があるとすればそれは人間の想像力にあるだけだ）

とまで語っています。

談話室

o で終わる名詞の複数形さまざま

さらに複数形の話です。

語尾が o で終わる名詞は、その前が母音だったら -s を付けて複数にする、というのがルールです。例えば、

cameo → cameos　　rodeo → rodeos
stereo → stereos　　tattoo → tattoos

しかし、語尾の o の前が子音の場合は、-es を付けます。例えば、

echo → echoes　　tomato → tomatoes
potato → potatoes　　torpedo → torpedoes

ところが、音楽関係の語は、子音 + o で終わっても -s を付けて複数にします。例えば、

・alto → altos　　piano → pianos
・cello → cellos　　piccolo → piccolos
・soprano → sopranos

同様に、dynamo, albino, silo も、dynamos, albinos, silos と、-s だけです。

子音 + o で終わりながら、-s でも -es でも OK という次のような単語もありますから、ややこしいですね。

cargo → cargos/cargoes　　zero → zeros/zeroes
halo → halos/haloes　　hero → heros/heroes
volcano → volcanos/volcanoes
tornado → tornados/tornadoes

酒も飲まなきゃ、バクチもやらず・・・

さあ、笑えますか？

浮浪者が男に2ポンドくれと言いました。「酒でも買うのかい？」と男は聞きました。「とんでもない」と浮浪者は答えました。

つづきは英語で

"Will you gamble it away?" asked the man.
"No, sir," said the tramp.

"Then will you come home with me," said the man, "so my wife can see what happens to a man who doesn't drink or gamble?"

訳と語句

「バクチにでも使ってしまう気かい？」と男。「いやいや、そんなことはありません」と浮浪者。

すると男は言いました。「じゃあ、私といっしょに家に来てくれないかね。酒も飲まずギャンブルもしない人間がどうなるか、女房に見せてやりたいんだ」

gamble it away 賭博に使ってしまう　　　**tramp** 浮浪者

笑いのツボ

　酒も飲まずギャンブルもしない人の末路がこの浮浪者の姿、とは言いも言ったり。もちろん、この所帯持ちの男は、酒と賭け事でいつも女房殿を泣かせているに違いありません。

ちょっとウンチク

　tramp は、定職を持たず住所も不定で、物乞いをしたり残飯をあさったりして生きている人のことです。一方、hobo は貨物車などに無賃乗車しながら各地を流れ歩き、職を転々とする人のことです。

　他に bum（フーテン）という語もありますが、現在では差別的ニュアンスを避けるために、こうした人たちを一様に homeless と呼ぶことが好まれます。

　また、動詞用法では tramp は「各地を放浪する」意味に使いますが、ニュージーランドの用法で「戸外で一夜を過ごす」の意味があります。さらに、tramp は海運用語で「不定期貨物船」

ものは**考えよう**で

も指します。所定めず、あちこちの港に立ち寄るところからでしょう。

談話室

米国人はハリポタが読めない？

アメリカ語法（Americanism）とイギリス語法（Briticism）の違いはよく言われるところですが、インターネット時代になって、その壁はだんだん低くなっています。

しかし、*Harry Potter* series ともなると、まだまだアメリカ人には分かりづらいイギリス英語固有の表現もあるようです。例えば「ポックリ死ぬ」を意味する pop *one's* clogs は、米語版では kick the bucket になり、grass on（チクる、密告する）は、squeal on に変えていました。

ちなみに、kick the bucket（バケツを蹴る）がなぜ「死ぬ」ことを意味するかについては諸説ありますが、そのひとつに、バケツを踏み台にして首に縄をかけ、次いでバケツを蹴れば、首吊り自殺ができるから、というのがあります。

いずれにせよ、「オリジナルのままでなくちゃ」と言う米国の *Harry Potter* fan の間で、これらの変更は評判が良くないそうです。

余は如何にして基督信徒となりし乎
Christian

聖と俗と、時々笑い

天罰

さあ、笑えますか？

モリッセイ神父は、「こんな良い天気に、面倒くさい教会の仕事などやってられるか！」とばかり、ゴルフに出かけることにしました。助手に代行を頼み、コースに出ると空は青く、緑の芝生には人っ子ひとりいません。「こんな幸せはない！」と神父はスタートにつきました。
一方、天国では番人の聖ペテロと神様のあいだで会話が交わされています。

つづきは英語で

Saint Peter turned to God and said: "You're not going to let a man of the cloth get away with this?" God looked down at Father Morrissey just as he teed off. The ball flew 420 yards, bounced once, then rolled straight into a hole. "And why on earth did you let him get in a hole in one?" The Lord smiled. "Who is he ever going to tell?" he said.

余は如何にして**基督信徒**となりし乎

訳と語句

聖ペテロは神に向かい、言いました。「神様、まさか神父をこのまま放っておくわけじゃないでしょうね」。神様はティーショットしたばかりのモリッセイ神父を見下ろしました。神父のボールは 420 ヤード飛び、一度バウンドして、まっすぐ転がってそのままホールに入ったのです。「いったい全体、何でホールインワンなどさせたのです？」。神様は笑みを浮かべて、「彼がこの話を誰にするっていうんだね」

a man of the cloth　聖衣の人＝神父
get away with　〜（悪事）を見つからずにやってのける
tee off　ティーショットをする
straight　真っすぐに
on earth　いったい全体
get in a hole in one　ホールインワンする
Who is he ever going to tell?　彼がいったい誰に話すというのか（反語）

笑いのツボ

　神父として、本来してはならないこの日のゴルフ。しかも、辺りには誰もいない中での奇跡のホールインワン。「誰かに自慢したいが、できない」「話したとしても、誰も信じてくれないし、証人もいない」。ゴルフ好きなら、このイライラは相当なものでしょう。さすが、全能の神様が与える罰はスゴイ！

🐤 ちょっとウンチク

　ゴルフでは、par（規定打数）より1打少ない打数を birdie といいます。bird は、19世紀半ばから米俗語で「優れたもの」を意味するようになっていましたが、Atlantic City Golf Club で、1打少なく入れた人に賛辞を贈ったとき、「お見事！」という意味で仲間が "Birdie!" と言ったのが始まりとされています。「鳥のように軽やか」というニュアンスもあったのでしょう。

　さらにもう1打少ない打数を eagle といいますが、やはり「鳥つながりでいこう」で、米国人にとって偉大な鳥といえば eagle 以外にないと、あっさり決まったといいます。

　さらにもう1打少ないのは double-eagle（双頭の鷲）または albatross（アホウドリ）と、やはり鳥づくしです。

談話室

PUNクイズ

　今回のpun（語呂合わせ）は、ちょっと変わったメスの競走馬の話です。この馬は夜走るといつもレースに勝つのに、昼間はからっきしダメでした。そこで、調教師が言いました。

"She is a fine horse, but a real night mare."

　さあ、これのどこが面白いのでしょうか。

答え

　さて、どこがpunになっているのでしょうか。このnight mareと、それを1語にしたnightmareですね。
a real night mareは「本物の夜型牝馬」
a real nightmareは「まさに悪夢そのもの」

　この2つが語呂合わせになっているんです。すなわち、夜のレースだけ勝ちまくる馬は、他の馬にとっても、他の馬に賭けた人にとっても、まさに悪夢以外の何ものでもなかったのです。

バチカン vs ユダヤ

さあ、笑えますか？

新しいローマ法王が選ばれるたびに、ローマ駐在のユダヤ教会主幹者が新法王を訪ね、密封した小さな箱を手渡すのが習わしでした。法王はそれを受け取り、開かないまま返すというのも決まった手順です。

今度の新法王が決まったとき、法王は訪ねてきたユダヤ教会のボスに「ここで一度開けてみませんか。ぜひ中身を見てみたいのです」と言いました。

つづきは英語で

They opened it and found a very old parchment bearing a text in a language they could not understand.

The Pope called in one of his linguistic experts, who said to him, "The text is in Aramaic, the language which was spoken when Jesus lived."

"Can you read it?" "Yes." "What does it say?"
"It is the bill for the Last Supper."

余は如何にして**基督信徒**となりし乎

訳と語句

彼らがそれを開けてみると、理解できない言語で文書を記してある、非常に古い羊皮紙が出てきました。

法王は言語学の専門家のひとりを呼びました。彼によるとアラム語、つまりイエスが生きていたころの言語で書かれているとのこと。

「きみは読めるのかね」「はい」「で、なんと書いてあるのだ？」「これは、最後の晩餐(さん)の請求書です」

parchment bearing a text 文言を記した羊皮紙
call in 呼び入れる　　　　**linguistic** 言語学の
Aramaic アラム語
the bill for the Last Supper 最後の晩餐の請求書

笑いのツボ

　最後の晩餐は、イエス・キリストが十字架にかかって死ぬ前、弟子たちと共にとったディナーのこと。レオナルド・ダ・ヴィンチの描いた絵がとくに有名です。
　聖ペテロを初代とする歴代ローマ法王はキリストの正統な後継者を任じています。しからば、「あのときの晩餐代の未払いは、法王庁が払うのが当たり前」というのが、キリストを殺したユダヤ人側の解釈のようです。2000年間ずっとその請求書を送り続けたユダヤ人に、キリスト教世界は脱帽！　もちろん、この話はジョークですよ。

💬 ちょっとウンチク

　キリスト教世界では、Friday the 13th（13日の金曜日）を不吉なものとする迷信が長く残っています。起源には諸説ありますが、キリスト最後の晩餐の参加者が13人であり、磔（はりつけ）に架けられたのが金曜日だから、というのが一般的な説です。
「たかが迷信、されど迷信」で、米ノースカロライナ州のある研究所の調査によると、この日を嫌って外出や旅行を避ける人が多いために、その日一日で約1000億円の経済的損失が出るといいます。
　スペイン語圏では普通、「13日の火曜日」が不吉の日とされています。

談話室

差別かよッ！

　差別語廃止の行き過ぎはよく話題になりますが、同じことがITの世界にも及んでいます。

　英国のHerbert Humphreyさんは、Humphreyの姓を使ったメールアドレスを登録しようとしましたが、プロバイダーから拒否されました。理由は「差別的である」というのですが、どこが差別的なのかHumphreyさんは納得がいきません。プロバイダーの説明は、「humpという語が入っているからだ」というものでした。

　humpは人やラクダの背中に出来た「こぶ」を指し、humpbackは軽蔑的に「猫背の人」を意味します。またhumpback bridgeは「太鼓橋」のことです。

　プロバイダーは、差別的なニュアンスを含んだ語は全て自動的に排除するシステムを導入しているのですが、「それにしても、名前の一部を差別語と断定するなんて」とHumphreyさんは憤慨していると、ある英誌が伝えています。

数独を勧めます

さあ、笑えますか？

若い牧師が法王様と同じ飛行機、しかも隣り合わせの席に座るという栄誉に浴して感激しました。

法王はクロスワードに取り組んでいます。「これなら私も得意だ。法王様が困って、私に助けをお求めになられるとよいのだが」と思っていると、法王は突然「あなた、これ分かりますか」と聞いてきました。

つづきは英語で

"Do you know a four-letter word referring to a woman? It ends in '-unt'?"

Only one word leaps to the priest's mind.

"My goodness," he thinks, beginning to sweat. "I can't tell the Pope that. There must be another word."

Racking his brain, it finally hits him, and he turns to the Pontiff.

"I think the word you're looking for is 'aunt,'" he says, relieved.

"Of course," says the Pope. "Hmm. You don't have any Tippex, do you?"

余は如何にして**基督信徒**となりし乎

訳と語句

「あなた、女性に関連する 4 文字の言葉で、unt で終わる単語を知っていますか」と法王。
牧師の頭にはたった 1 つの単語しか思い浮かびません。
「何とまあ」。彼は冷や汗をかきながら考えます。「まさか、法王様にそれは申し上げるわけにはいかない。何か他の言葉があるにちがいない」。脳みそをキリキリ絞って、やっと思いつき、やれやれという思いで言いました。
「お探しの言葉は aunt（叔母）ではないかと思います」
すると法王様、「もちろんそうだわな。ところで、あなた、修正液は持っとりませんか？」

four-letter word　四文字言葉（通常は下品な語を指す）
refer to　～について言う、にあてはまる
leap to *one's* **mind**　～の心に浮かび上がる、ひらめく
the Pope　法王
rack *one's* **brain**　頭を拷問にかける → さんざん頭を絞る
the Pontiff　法王　　**relieved**　ほっとして
Tippex　ティペックス（代表的な修正液の名前）

笑いのツボ

　誰もが思いつく 4 文字の言葉で、終わりが -unt とくれば・・・しかし、そこは牧師、窮余の一策で aunt を思いつき、法王様の同意を得たまではよかったのですが、肝心の法王様が修正液を欲されたということは、彼も神ならぬ人の子ということでしょうか？

　なお、法王様が最初に選んだ単語をどうしても確認したいと

いう純情かつ探究心旺盛な方は、英和辞典で、four-letter word を引くと、例として簡単に見つかります。

　卑語の「四文字言葉」と、クロスワードパズルを解くための「4文字の言葉」の掛かり具合も絶妙ですね。

ちょっとウンチク

　ローマ法王は英語では、Pope, Pontiff, Holy Father, Vicar of Christ などさまざまな言い方があります。おなじみだった John Paul II は亡くなり、Benedict XVI が新法王に就任しましたが、伝統ある法王庁では、法王の死に当たっては、枢機卿が銀のかなづちで法王の額を軽く3回たたき、俗名を3回呼んで返事がなかったら死亡と確認する、という慣わしがあります。

PUN クイズ

　ルーブル美術館に怪盗が侵入し、見事、名作の数々を奪うことに成功しました。しかし、ほんの数ブロックも行かないうちに、車がガス欠で逃げられなくなり捕まりました。

　これほどの怪盗が、なぜこんな初歩的なミスをしたのかと聞かれ、次のように答えました。

"I had no Monet to buy Degas to make the van Gogh."

　さあ、どこが面白いのでしょう？

答え

　"I had no Monet to buy Degas to make the van Gogh." のどこがどう pun（語呂合わせ）になっているのでしょうか。

　実は、

Monet（モネ）= money
Degas（ドガ）= the gas
the van Gogh（ゴッホ）= the van go

と pun になっていて、それぞれ入れ替えてみると、次の英文になります。

I had no money to buy the gas to make the van go.

　すなわち、「バン（車）を走らせるためのガソリンを買うカネがなかった」と言っているのです。

ライオン補完計画

さあ、笑えますか？

サバンナでライオンに出くわしてしまった牧師は、ひざまずき、目を閉じ、全能の神に祈ります。

つづきは英語で

"Dear God, please transform this beast into a devout Christian."
After a while, the chaplain opens his eyes and sees the lion kneeling down and praying: "Dear God, may you bless the meal which I am about to take."

余は如何にして**基督信徒**となりし乎

訳と語句

「神様、どうかこの野獣を敬虔(けいけん)なクリスチャンにお変えください」しばらくして牧師が目を開けてみると、そのライオンはひざまずき、神に祈りをささげています。「神様、これからいただく食事に、どうか祝福を」

transform *A* into *B* AをBに変換する
devout 信心深い、敬虔な
chaplain 牧師
pray 祈る
bless the meal 食事に祝福を与える

笑いのツボ

せっぱつまって神に助けを求め、ライオンを敬虔なクリスチャンにしてくださいとお願いした牧師。なるほど、その願いは聞き届けられ、ライオンは食事の前にお祈りをするほど信心深いクリスチャンとなりましたが、牧師の運命は変わりませんでしたとさ。

ちょっとウンチク

一神教の信徒は、何か事があると必ず神に祈ります。食事の前にも、それを恵んでくれた神に感謝の言葉を捧げるのが常ですね。そこらをちょっと皮肉ったのが、このジョークです。

な〜んでか？ 1

My mother thinks I'm so bright. She calls me "Son."
(母は、ボクをすごく賢いと思っている。だから、ボクをSonって呼ぶんだ)

brightとsunとSonが掛け言葉になっていることを察知できましたか。brightには「賢い」と「明るい」という意味があり、Son（息子）は、sun（太陽）と同じ発音なんですね。

な〜んでか？ 2

Q: Why did the aborigine, who got a new boomerang for Christmas, have to give it back?
A: Because he couldn't throw the old one away.

問：クリスマスに新しいブーメランをもらったアボリジニは、なぜそれを返さなければならなかったのか？
答：古いやつを捨てられなかったからさ。

aborigineはオーストラリア先住民。ブーメランが得意ですね。これは投げると元に戻ってきます。つまりアボリジニは、古いブーメランを捨てられないというわけなんです。

老いてなお、お盛ん？
Survive the Aging Society!

超高齢化社会を生き抜くヒント

コウモリ傘と猟銃と

さあ、笑えますか？

80歳の元気な老人が、定期健診にやってきました。「相変わらず元気だね。どこか悪いところは？」と医者が聞きます。「元気いっぱいですよ。何しろ最近18歳のお嫁さんをもらって妊娠させちゃってね。どうです、すごいでしょう」とおじいさん。

医者はしばらく考えたあと、次のような話をしました。「私の友人で、すごいハンターがいてね。狩りに行った日のことなんですが、うっかり寝過ごし、あわてて銃と間違えてコウモリ傘を持って家を飛び出たんですよ。それで、森の奥深くまで入って行ったとき、大きな熊に出くわしたんです。とっさに、コウモリ傘で狙いを定めて引き金を引いたのですが・・・。で、どうなったと思います？」

つづきは英語で

Dumbfounded, the old man shook his head.
"The bear fell down in front of him," said the doctor.
"That's impossible," exclaimed the old man.
"Someone else must have been doing the shooting."
Sighing, the doctor gave his patient a friendly pat on the back. "That's what I'm getting at."

老いてなお、**お盛ん**？

訳と語句

老人はあぜんとして首を横に振りました。
「その熊は彼の前で倒れたんですよ」とお医者さん。
「そんなバカな。ほかの誰かが撃ったに違いないさ」と老人は叫びました。
大きくため息をつきながら医者は、彼の背中を親しげにたたき、言いました。「それが私の言いたい点ですよ」

dumbfounded あぜんとして、驚いて
exclaim 叫ぶ
sigh ため息をつく
give a friendly pat on the back 背中を親しげにたたく
what I'm getting at 私の言わんとするところ

笑いのツボ

さあここで、この元気老人が18歳の花嫁を妊娠させたという自慢話を思い出してください。お医者さんの目から見れば、他人の撃った"弾"が花嫁に命中したとしか思えないのです。

ちょっとウンチク

コレクターも多い切手のお話をしましょう。

切手を貼れば全国一律料金で手紙が届く制度を考案したのは英国のJames Chalmersで、1834年のことでした。1839年に議会で承認され、翌年から1ペニーの切手が登場しました。最初の切手はPenny Blackと呼ばれ、黒地に時のVictoria女王の横顔が印刷されています。

Universal Postal Union（万国郵便連合：1874年設立。現在は国連の専門機関）では、国際郵便に使う切手に国名表示を義務づけていますが、英国に限って免除されています。切手を発行した国第1号としての特権というわけです。ネットのURLで、米国が末尾の国名表示を免除されている特権と同じです。

　なお、発行国を欧文で明記するまでは、漢字を知らない欧米の切手収集家たちが、日本と中国の切手の区別がつかず困惑したという話が残っています。

老いてなお、**お盛ん**？

PUN クイズ

A farmer is milking his cow and as he is milking, a fly comes along and flies into the cow's ear.
A little bit later, the farmer notices the fly in the milk. The farmer says, "Hmm. In one ear, out the udder."

答え

　何のことか、分かりましたか？　乳搾りをしているとき、乳牛の耳にハエが入りました。しばらくしてそれが搾ったミルクの中にいるのを見つけたのですね。この時、農夫は "Hmm. In one ear, out the udder." と言うのです。

　どこが pun（語呂合わせ）かというと、udder（牛の乳房）= other となるのです。実は、"go in one ear and out the other"（右の耳から入って左の耳から出る→馬耳東風）というイディオムがあります。すなわち、農夫は「耳から入って、オッパイから出たな」と言ったのです。

変身

さあ、笑えますか？

老婦人が居間で愛猫（オスで名前は Puff）の背中をなでていると、妖精が現れ、3つの願いをかなえてあげると言います。そこで、「まず、21歳のきれいな昔に戻して」と願うと、あら不思議、その通りになりました。続いて、「大金持ちになり、この家をすばらしい豪邸にして」と願うと、これもかないました。そこで・・・

つづきは英語で

"And now, I wish that Puff were the handsomest man in the world and deeply in love with me."

Poof! Suddenly she is in the arms of the handsomest man in the world. He kisses her and says, "Darling, aren't you sorry you had me fixed?"

老いてなお、**お盛ん**？

訳と語句

「次は、パフが世界一の美男子になり、私を深く愛してくれたらいいのに」
するとパフはパッと変身して、彼女は世界一の美男子の腕の中に。その彼は彼女にキスをし、こう言います。「ねえきみ、僕をfix してもらったのを後悔してない？」

handsomest　handsome の最上級。the most handsome とすることもある
Poof!　パッ！

笑いのツボ

　ここで笑えるかどうかは、**fix** が決め手です。辞書を引きながら考えましょう。fix にはいろんな意味があります。
fix a mirror to the wall（鏡を壁に取り付ける）
fix the date of departure（出発日を決める）
fix me with an angry stare（怒って私を見つめる）
fix a watch（時計を修理する）
fix a horse race（競馬で八百長を仕組む）などなど。
「修理する」という意味に関連して quick fix（応急策、一時しのぎの薬）があり、「八百長を仕組む」という意味に関連して、fixer（不正手段で工作する人、黒幕、フィクサー）があります。しかしどれをとっても、このジョークの fix には当てはまりません。
　実は、fix に castrate an animal, especially a cat（動物、とくにネコを去勢する）という意味があるんです。ここではじめて笑えますね。

せっかく自分も若返り、世界一ハンサムな若い恋人を手に入れたというのに、その青年がかつてネコだった時に去勢手術を施してしまっていたとは、悔やんでも悔やみきれませんよね。

🗨 ちょっとウンチク

ペットは、古典的な犬猫から熱帯魚、ヘビなどのハ虫類にいたるまで、ずいぶん多様化しました。ペットとして飼われる野生動物、ハ虫類などのことをexotic（あるいはnovelty）animalといいます。そして、こうしたペットを育て、品評会などに出す趣味のことをanimal fancyと呼びます。

novelty（新規さ）を狙って、animal fancyを楽しむつもりだったのが、飼いきれなくなって逃がすせいで、「団地にサソリが出た」「琵琶湖でピラニアが獲れた」などという話が時折ニュースになります。「ニューヨークのマンホールの中にはワニがいる」というurban legend（都市伝説）もありますが、これなども、もともと下水に流したワニが繁殖した結果だなどと、まことしやかに伝えられます。

ちなみに「噂が噂を呼ぶ話」をa FOAF（あるいはa FOAF story）といいます。FOAFはfriend of a friend（友達の友達）の頭文字をとったもので、つまり「自分は見てないが、友達の友達が見たという話」「出所のはっきりしない噂話」の意味です。a "friend of a friend" storyとも書きます。

老いてなお、**お盛ん**？

談話室

アイスティー考

　日本語にもなっているice teaは英語の口語表現では受け入れられていますが、文法的には間違いで、iced tea（氷で冷やしたお茶）と正しく呼ぶべきだ、と言う学者が結構います。

　同様にpower steering（日本語では「パワステ」なんて略されますが）はpowered steeringに、link sausage（つながったソーセージ）はlinked sausageに、roast beefはroasted beefに、ice creamはiced creamにすべきだということになります。

　すなわち、「動詞の過去分詞＋名詞」という形が本来正しいのだ、というのですが、実際は「名詞＋名詞」で英語圏で立派に通用しているのが現状です。

追いかける

さあ、笑えますか？

70歳にもなる夫のJoeが発展家で・・・

Joe still enjoyed chasing girls even when he got to be 70. When his wife was asked if she minded, she answered, "Why should I be upset? Dogs chase cars, but they can't drive."

老いてなお、**お盛ん**？

訳と語句

ジョーは70歳になったというのに、まだ女の尻を追っかけまわしていました。気になるかと聞かれて、彼の妻はこう答えました。「なぜ私が怒らなきゃいけないの？ 犬は車を追っかけるけど、運転なんかできっこないのよ」

chase girls 女の尻を追いかける
get to ～になる
mind 気に病む
be **upset** 取り乱す

笑いのツボ

犬に車の運転はできない。そりゃそうですね。車（女の子）の方で相手にしないし、たとえ追いついても、犬に車は乗りこなせないですよね。気の若いジョーも、すべてお見通しのカミサンにかかれば、なめられたものです。

ちょっとウンチク

dogs chasing and catching the car という表現があります。「犬が車を追っかけ、それを捕まえたからといって、どうなるものでもない」ということですが、「いい取引だと思って飛びついたのに、手に入れてみると、とても自分の手に負えない」といった状況で使います。

dog's breakfast [dinner] にも、「望んだものとははるかに違う結果」という意味から、「お話にならない代物」というイギリスの口語用法があります。

🌲 ボキャビル広場

　all mouth and trousers という英国の口語的イディオムがあり、「口ばかり達者で実行が伴わない」ことを指します。なぜ trousers（ズボン）なのかさっぱり分からないということで、テレビコメディーのセリフで all mouth and no trousers と使われたのがきっかけで、no を入れるのが普通になってきたといいます。

　これなら、no trousers（ズボンをはいていない → 行動の準備ができていない）は all mouth との関係がうまく説明がつく、というのです。

　しかし、説明のつかない起源が多いのが、言語というものの特徴でもあるのですから、「無理につじつまを合わせるのは堕落である」と言語学者の Michael Quinion などは怒っています。現に、オーストラリアやニュージーランドでは、no 抜きの元の形で使われています。

君は天然ボケ

さあ、笑えますか？

高齢の紳士が2人、楽しく談笑していました。

A: 君が通っているボケ防止のクリニックはどうだい？
B: いやあ、最新の心理テストを使ったりして、すばらしいよ。なかなかの成果だね。
A: そりゃ良かった。ところで何ていうクリニックかね。

と聞くA氏に、しばらく考え込んだB氏・・・

つづきは英語で

"What do you call that flower with the red petals and thorns?"

"You mean a rose?" says his friend.

"Yes, that's it!" says Mr. B and turns to his wife.

"Rose, what was the name of that clinic?"

訳と語句

「赤い花びらと、とげのあるあの花、何ていうんだっけ？」
「ああ、ローズ（バラ）のこと？」と友人。
「そう、それだ！」と言ったB氏は、妻に向かって「ローズ、あのクリニックの名前は何だったっけ？」

petal 花びら　　　**thorn** とげ
That's it. それだ、そのとおり

笑いのツボ

　無関係なものから遠まわしに攻めながら記憶をたぐり寄せるというのは、日本の漫才師などもよく使う手口。こちらもつい引っかかって、笑わされます。ここでも、前段があったのです。「女房の名前を忘れるなんて！」と憤慨するあなたは幸せな高齢者です。私の知人で関西在住の現役中堅作家に聞いた話ですが、奥さんの名前を2週間思い出せなかったそうです。
　昔型の日本人には「メシ」「フロ」「ネル」の三言亭主が多かったし、夫婦間で名前を呼ぶ習慣はなかったから、必要な場合でも、たいてい「おい！」で済ませてきました。しかし、外国人となると、そうはいかないでしょうね。

ちょっとウンチク

「度忘れ」を和英辞典で引くと、
a lapse [slip] of memory, a sudden failure of memory
などという堅苦しい表現が出ています。
　日本語で「頭の中が真っ白になる」に近い go blank という口

語用法があり、最近では、a senior moment（老いのひと時）なんてしゃれた表現も使われています。これは、高齢者だけではなく、普通の度忘れにも OK です。

談話室

forget-me-not（忘れな草）

　南欧原産のムラサキ科の花で、真実・友愛を象徴します。名前の起源は、「紳士が紳士であり、淑女が淑女であったその昔——」と物語は始まります。

　ドナウ川のほとりを婚約中のカップルが歩いていたとき、淑女は川面に浮かぶ一輪の花を見つけ、「ああ、かわいそうに」と思わずつぶやきました。紳士はすぐ水に飛び込みましたが、流れが速く、その花を彼女の足元に投げると、"Forget me not!"（ボクのことを忘れないで！）とひと言叫んで、そのまま沈んでしまったといいます。

　ああそれなのに、それなのに。人間、馬齢を重ねると配偶者の名前さえ忘れ、それがジョークにもなっているのですから、実に罪深い存在ですね。

　おあとがよろしいようで。

著者プロフィール

宮本倫好（みやもと・のりよし）

神戸市外国語大学卒業、コロンビア大学大学院修了。産経新聞ロンドン、ニューヨーク特派員などを経て文教大学教授。国際学部長、副学長を経て現在名誉教授。元日本時事英語学会長。ESP（分野別専門英語）協会理事。
『メディア英語表現辞典』『英語・語源辞典』（ちくま学芸文庫）、『英語 新語・流行語ハンドブック』（共著 小社刊）など英語関連、国際問題関連著書多数。

笑うネイティブ

2006年11月7日　初版第1刷発行
著　者　宮本倫好
発行者　原　雅久
発行所　株式会社 朝日出版社
　　　　〒101-0065 東京都千代田区西神田3-3-5
　　　　TEL　03-3263-3321　　FAX 03-5226-9599
　　　　URL　http://www.asahipress.com
印刷・製本　　　　凸版印刷株式会社
本文デザイン・DTP　株式会社 欧友社
カバーデザイン　　大下賢一郎
本文イラスト　　　野沢正利
英文校正　　　　　田所メアリー

ISBN4-255-00368-8 C0082
©MIYAMOTO Noriyoshi, 2006　Printed in Japan

リスニングの進化が実感できる英語月刊誌！

CNN ENGLISH EXPRESS

CNNライブ収録CD付き
毎月6日発売／定価1,400円（税込）

初級から上級までの幅広い英語レベルに対応できる
3段階ステップアップ方式でCNNを完全リスニング！

Angelina Jolie & Brad Pitt

CNNと独占提携!!
TOEIC®・英検など試験対策に、
日常会話やビジネスに、
「耳」からどんどん強くなる
最強の英語月刊誌！
最新ニュースや
有名人インタビューなど
CNNならではの素材を、
丁寧な解説のついた本誌と、
完全対応の付録CDとで丸かじり！
CDにはナチュラルスピードのほか、
ゆっくりスピードも収録。

朝日出版社 〒101-0065 東京都千代田区西神田3-3-5 TEL03-3263-3321 http://www.asahipress.com/

EE Clubのご案内 役に立つ英語情報、メルマガ、書籍販売など特典多数。
くわしくは、http://www.asahipress.com/eeclub

CNNから生まれたベストセラー！
100万語[聴破]CDシリーズ
全10巻 CNNライブCD+新書判テキスト 各・定価1,260円（税込）

CNNの放送をそのままパック。
ナチュラルで良質で、しかもライブ感にあふれた音声ばかりを収録。
英文スクリプトに日本語訳と語注を加えた
添付のテキストを活用すれば、リスニング力はさらにアップ。

❶ 世界のスーパーVIPスペシャル
クリントン夫妻、サッチャー、ブッシュ父子、トニー・ブレア、エリザベス女王

❷ CNNトラベル・ガイド
ハリウッド、ハワイ、ニューヨーク、オーストラリア、ロンドン、パリ、シチリア島、カナダ、東京、ほか

❸ ラリー・キング・ライブ ベスト
クリントン夫妻、ジミー・カーター、ジャネット・ジャクソン、タイガー・ウッズ、マライア・キャリー、ほか

❹ CNN日本スペシャル
緒方貞子、田中真紀子、「靖国」と日本人の歴史認識、拉致問題、日本の漫画、ユーミン、ほか

❺ CNNビジネス・スペシャル
ビル・ゲイツ、カルロス・ゴーン、出井伸之、ネット・ビジネスについての討論、IT産業、ほか

❻ セレブ・インタビューズ
トム・クルーズ、ブリトニー・スピアーズ、アンジェリーナ・ジョリー、ブラッド・ピット、マドンナ、ほか

❼ CNNニュース・ダイジェスト
30秒前後の短いニュースが60本。うち20本は聴きやすいゆっくりスピードの音声付き。

❽ ゆっくりニュース・ダイジェスト
1本30秒前後の短いニュースを45本収録。すべてのニュースにゆっくりスピードを収録。

❾ CNNインサイド・アメリカ
家庭事情から、教育・雇用問題まで、最新のアメリカ事情に触れる。本場のアメリカ英語を聴く！

❿ VIP&セレブ スピーク・アウト！
ブッシュ、ジュリア・ロバーツ、ロナルド・レーガン、シュワルツェネッガー、ヒラリー・クリントン、ほか

最強のリスニング・100万語[聴破]CDシリーズ 特別巻

歴代アメリカ大統領ベスト・スピーチ集
12人の大統領の名演説を肉声で収録！

リスニングに「本物」の迫力と感動を！
ルーズベルト、アイゼンハワー、ケネディ、ニクソンから
現ブッシュまでの代表的演説が全1時間で聞ける！
格調高く、ゆっくりした英語なので、シャドーイングにも最適。

肉声ライブCD + 新書判テキスト
定価1,470円（税込）

朝日出版社 〒101-0065 東京都千代田区西神田3-3-5 TEL03-3263-3321 http://www.asahipress.com/

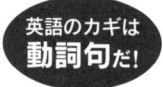

国際ビジネスを成功に導く実践テクニックが満載!!

英語で、すごい会議ができる!
英語ミーティングの基本スキル
グレートファシリテーターへの道

フィリップ・ディーン+岩城 雅=著
CD付き・定価2,940円(税込)

準備の万全な整え方から会議進行の裏ワザまで。
大手企業・政府機関などの研修で好評を博した
実践的なスキルと英語表現を大公開!

248の例文と、状況別のリアルな
モデル・ミーティングが入ったCD付。

大好評の姉妹編

英語プレゼンテーションの基本スキル
グレートプレゼンターへの道

フィリップ・ディーン+ケビン・レイノルズ=著　CD付き・定価2,940円(税込)
国際プレゼンテーションスキルに基づく実践的テクニックを網羅。

英語ネゴシエーションの基本スキル
グレートネゴシエーターへの道

フィリップ・ディーン+ケビン・レイノルズ=著　CD付き・定価2,940円(税込)
効果的なステップ方式で、すぐ身につき、交渉力アップ!

朝日出版社 〒101-0065 東京都千代田区西神田3-3-5　TEL03-3263-3321　http://www.asahipress.com/

10万例文でメールや文章が書ける辞書ソフト

E-DIC
イーディック 英和|和英
CD-ROM for Windows

確かな英文が書ける、引ける!

英和・和英辞典、電子辞典をしのぐ圧倒的な例文集。ネイティブの自然な英語とこなれた日本語訳が好評。ビジネスマン・教師・医師・技術者・通訳・翻訳者まで、シチュエーションに合った英語が書ける。

使って便利 読んで面白い。
奇跡のように素晴らしい。

柴田元幸氏
(東京大学教授・翻訳家)

ほかの辞典にはない 5大特長

特長1 収録辞書がすごい

見出し語72万+例文10万(すべて信頼のおけるネイティブによる自然な英文)の大容量辞書で、単語・熟語はむろん、例文までも検索できます。

特長2 検索がすごい

日本語からでも英語からでも、検索語入力(3語まで可)で瞬時にお目当ての例文も訳語も見つかります。

特長3 辞書増量サービス(無料)がすごい

ご購入後も、新語・流行語・ニュース英語、および専門的な医学・技術英語など、最新の辞書データが無料でダウンロードできます(配信中)。

特長4 自分の辞書が作れるのがすごい

「ユーザー辞書登録機能」で、気に入った単語・表現・例文を登録して、検索対象にできます。

特長5 読書モードがすごい

紙のページをめくるような感覚で、辞書のおもしろい記述が読めます。

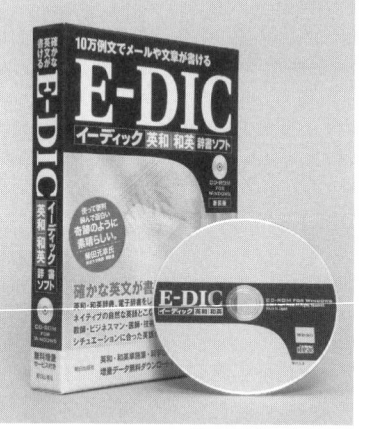

使用環境

OS：日本語版Windows Me、2000 Professional、XP
CPU：Pentium 150MHz以上 メモリ：64MB以上
HDD：空き容量600MB以上
モニタ：解像度1024×768以上、カラー256色以上、64000色以上推奨
※但し搭載OSの最低動作環境以上であること

定価3,990円(税込)

例文がどんどん増える無料ダウンロードサービス配信中!

朝日出版社 〒101-0065 東京都千代田区西神田3-3-5 TEL03-3263-3321 http://www.asahipress.com/